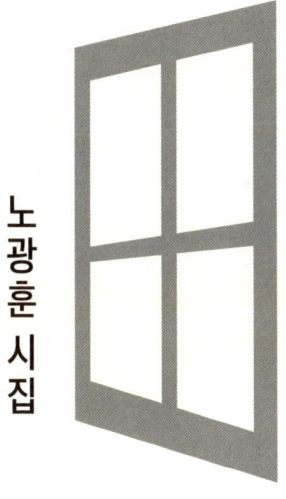

노광훈 시집

바람이 수놓고 간
아름다운 날

노광훈 시집

바람이 수놓고 간
아름다운 날

시집을 만들면서

　무엇인가를 쓰지 않고는 못 견디는 내 성격이 싫어질 때가 있습니다. 선천적으로 타고난 능력도 없으면서 무엇인가 쓰지 않고는 마음을 달랠 수 없어 항상 무엇인가 쓰고 있는 내 모습을 봅니다.
　詩를 쓴다는 것….
　어린 시절 담임 선생님에게 불려온 아이처럼 부끄럽고 긴장된 마음으로 또 한권의 책을 내놓게 되었습니다.
　이번에는 처음 詩集으로.
　내 글은 항상 모순투성이고 어린아이만도 못한 너무 연약하고 보잘것없는 글입니다. 이 글을 쓰면서 포기하지 못하는 이 욕심과 고집은 무엇일까 하고 몇 번을 생각해 봅니다.
　어쩌면 이 보잘것없는 내 글에 단 한 분이라도 위안을 받는 이가 있으리라는 변명으로 마음속에 자위하며 나를 위로해 봅니다.
　"이제 다시는 글을 쓰지 말아야지." 다짐하지만 다시 무엇인가를 쓰고 있는 나를 발견합니다.
　여기 모여진 시들은 이목구비를 갖추고 시의 운율을 갖춘 게 하나도 없는 것 같습니다. 다만 순수한 마음으로 살고 싶어 하는 어느 한 사람의 마음 깊은 곳에서 울려오는 작은 부르짖음이라 생각했으면 좋겠습니다.

이 시집 속에 담겨진 글들이 한 부분이라도 어느 누군가에게 한 줌의 모래알처럼 공감을 줄 수 있는 글이었으면 좋겠습니다.

구약성경 신명기 31장 6절 말씀을 생각해 봅니다.
"너희는 강하고 담대하라 두려워하지 말라. 그들 앞에서 떨지 말라. 이는 네 하나님 여호와 그가 너와 함께 하시며 결코 너를 떠나지 아니하시며 버리지 아니 할 것임이라."는 말씀에 용기를 얻습니다.

여기 "바람이 수놓고 간 아름다운 날"이 읽는 이들에게 마음 한구석에 가슴 아리게 여운을 남길 수 있는 작은 부분이라도 있었으면 하는 마음으로 두 손 모아 기도해 봅니다.

이 시집을 위해 항상 정신적 지주가 되어 주었던 전완규 선생님, 친구들 그리고 나의 두 딸들과 사위 외 손주와 외손녀 그리고 먼저 하늘나라에 간 부모님과 아내가 기뻐해 주었으면 좋겠습니다. 그리고 출판을 맡아 애써주신 모든 분들께 감사드립니다.

2021년
내 서재에서
노광훈

1부 첫 눈

첫눈	15
벚꽃 피는 길목에서	16
담쟁이 넝쿨	18
젊음이 간다는 것	20
이젠 말할 수 있습니다	22
우연이	24
평행선에 서서	25
종이학을 접으며	27
결국 가고 말 것을	28
주마등	30
그리움이란 것	32
그렇게 살라하네	34
선	36
내 인생의 끝자락에 서서	38
이른 아침 산을 걸으며	40
꿈속에서	42
빈 공간에서	44
비가 내리던 어느 날	46
뭉게구름이 수놓은 자리	48
당신은 어디서 왔나요	50
천천히 가는 것	52
첫사랑 여인	54
아버지의 모습	56
단 한마디	57
바람이 수놓고 간 날	58
세월의 흔적	60
민들레와 동백꽃	62
엄지손가락의 눈물	64

그리움은 아픔	66
그녀가 오는 소리	68
사계절의 당신	70
인생	72
트럼펫 연주	74
그림자	76
잊었던 날들	78
사랑은 밀물 썰물	80
쉽게 말할 수 있나요	82
새벽 기도	83
행복이란 것	84
12월의 아침	86

2부 비 오는 거리의 단상

정동진의 아침	91
한숨 소리	92
깊은 가슴속	93
어린아이 미소	94
신이시여	96
단 하나의 젓가락	98
이름 없는 들꽃	100
길	101
아픔 뒤에 남는 것들	102
어느 노부부	104
그래도 살아야 한다	106
민들레 사랑	107
아줌마 이발사	108
길가에 핀 해당화	109

당신을 만나러 가는 길　　　110
내가 가는 길　　　111
시들고 말면　　　112
여름 비　　　114
연꽃　　　115
비 오는 거리의 단상　　　116
소의 모정　　　118
나팔꽃　　　120
달무리　　　121
코로나19　　　122
가을 단상　　　123
달님아 별님아　　　124
두 갈래 길　　　125
꽃들의 아픔　　　126
가을 하늘　　　127
가을 단상2　　　128
10월이 가는 길목　　　129
갈대의 울음　　　130
뭉게구름　　　131
가을비　　　132
가슴 깊은 곳　　　133
겨울로 가는 인생　　　134

3부 우린 같이 가고 있습니다

행복이란 것　　　137
또 한 해　　　138
들꽃　　　139
노을 진 창가에서　　　140

달력의 의미	142
이런 세상 저런 세상	143
우리 만날 수 있을까요.	144
하나님 어떻게 하면 되나요?	146
꽃들의 무덤	148
이 세상 내 것은 없습니다	149
동장군	150
초라한 겨울나무	151
탱자나무	152
세월이란 것	153
간절한 기도(동행)	154
우린 같이 가고 있습니다	156
그 겨울	158
계절이 바뀌고서야 당신을 사랑한다는 것을 알았네	159
첫눈의 추억	160
지나간 일기장에서	161
별 한 아름	162
웃을 수 있는 사람	163
내 가슴속으로 들어온 사람	164
잊어야지	165
기다림	166
안개	168
눈 속에 오른 동백꽃	169
마음의 깊이	170
낮이 있으면 밤도 있듯이	171
고향 가는 길	172
눈 사이로	173
눈이 내리고 있었다.	174
오늘을 버려야 내일이 있다	176

4부 꽃구름

봄이 오는 소리	181
옥색 댕기	182
당신은 사랑의 편지를 써 본 일이 있나요	183
복수초	184
처음 가는 길	186
나를 가라 하네	187
지워야 할 사람	188
종이 눈물	189
사랑의 길	190
이별하는 연습	191
봄이 오는 소리	192
통곡의 기도	193
가시 바늘	194
목련꽃 그늘에서	195
하늘아 하늘아	196
얼음장 밑으로 오는 소리	198
행복의 비밀	199
일어서야지 힘차게	200
4월의 길목에서	202
그래도 봄꽃은 피리라	204
꽃구름	205
꽃눈	206
하나님과 매일 만나	207
안갯속을 걸으며	208
여호와는 나의 힘	209
꽃들의 길목에서	210
사랑이란 것	211
빈 가슴	212

네 믿음대로 될지어다	213
너는 나를 누구라 하느냐	214
깨어 있으라	215
내 당신	216
혼자 남은 자리	217
간절한 외침	218
아기의 미소	219

5부 봄이 머물고 간 자리

봄이 머물고 간 자리	223
비가 우는 소리	224
당신이 간 자리	225
오월의 하늘	226
당신과 나의 만남	228
긴 여운	229
당신과 나	230
꽃이 지고 나면	231
부부란	232
우린 어디로 가고 있는가?	234
영혼	235
녹슨 철모	236
구름 사이로	238
빈터	239
아침에는	240
빈 가슴	241
아카시아 꽃	242
하루를 살면서	243

우린 누구나 살 가치가 있어	244
삶의 여백	245
가시의 아픔	246
삶이란 하나의 우산	247
영원히 살 것처럼 살자	248
따뜻한 가슴	249
부모님 음성	250
노래를 들으며	251
그리움을 지우며	252
비가 내리는 날은 사랑하는 사람이	253
삶의 무게	254
해바라기의 꿈	255
파도의 외침	256
구름이 수놓고 간 아름다운 날의 추억	257
지금 내가 서 있습니다	258
오솔길 옆에 서서	259

1부

첫눈

첫눈

함박만한 눈송이가 솜털처럼 쌓여가고 있었다.
젊은 날의 꿈을 실어 나르듯
무거운 어깨에 두께만 더해가는
젊은 날의 꿈은 어디만큼 가고 있는가.

하얀 머리카락을 쓸어 올리며
삶의 걱정만 실어 나르고
빠르게 가는 시계 초침처럼 꿈은 산산이 부서지는데
신기루 같은 추억만 쌓여가고 있다.

사랑하는 이에게
첫 눈이 내린다고 외칠 수 있는
감정은 조금은 남아 있는가.

삶의 무게만 마음에 두께를 더해가고
젊은 날의 꿈은 산산이 찢기어 휴지조각이 되어버리고
근심의 날개만 남아
잡을 수 없는 꿈만 실어 나르고
하얀 백지장에
소박한 꿈이 한 페이지 남아 있어
빈 여백에 조각난 퍼즐을 맞추어 가고 있다.

벚꽃 피는 길목에서

만발한 벚꽃 길을 걷고 있다.
조화무더기 같은
이 길에서
삶의 지나가는 소리를 듣는다.
향기를 잃어버린 꽃들은
짙은 향기가 나는 노인만도 못하다.

벌들도 날아오지 않는
죽은 길을 걷고 있었다.

젊은이 한 쌍이 넋 잃은 눈으로
벚꽃들에 취해 웃고 있었다.

향기 없는 꽃들은
죽은 인간들이나 무엇이 다를까?

이 화려한 축제가 끝나는 날
우리의 삶도
축제처럼 끝나겠지

어느 날 누군가에 이어져서
벚꽃 만발한
이 길을
또 다른 이들이 걸어가겠지

담쟁이 넝쿨

어느 만큼 올라야
가슴에 남은
응어리가 풀릴 수 있을까.

외롭고 쓸쓸한 사람들은
가슴 깊이
담쟁이 넝쿨을 가지고 있다.
끊어질듯 엉켜있는 매듭마다 서로 엉켜 자라는
담쟁이 넝쿨을 간직하고 있다.

답답하고 외로운 마음
바람처럼 살랑이는 넓은 잎으로 피어나
바람과 달빛과 친구 되어
하늘과 땅으로 엉켜 붙어
길게 늘어선
담장에 엉켜 붙어
누구를 향한 절규인가.

푸른 숨결 내뿜으며
뿌리까지 질긴 인연으로
어느 만큼 올라야

외롭고 답답한
이 응어리가 풀릴 수 있을까.

사람들은
누구나 하나쯤
가슴속 깊이
담쟁이 넝쿨을 가지고 있다.

젊음이 간다는 것

젊음이 가는 것은
석양에 지는 해와 무엇이 다를까.

우리가 살아가고 있다는 것은
삶을 하나씩 지우고 있다는 것이다.

세상살이 영원한 것은 없다.

사랑도 흔들리고
어떤 인연도 흔들린다.
하루에 한 번씩
바다의 썰물과 밀물이 들어오고 나가듯이
우리 인생도
썰물과 밀물이 있다.

살아가는 것은 석양에 지는 해와 같다

우리의 젊음이 간다 해도
나는
짙은 사랑을 하고 싶다.
가슴속의 모든 것이

지워지지 않는다 해도
누군가와 깊은 사랑에 빠지고 싶다.

사람들은
오늘도 마음의 창을 열어 놓고
누군가를 기다리고 있다.

이젠 말할 수 있습니다

이젠 말할 수 있습니다.
당신을 얼마나 사랑했는지

왜 몰랐을까요.
사랑하는 것이 아픔이라는 것을

이젠 말할 수 있습니다.
사랑하는 이를
먼저 보내는 것이
커다란 아픔이라는 것을 예전엔 몰랐을까요.

이젠 말할 수 있습니다.
하나 밖에 없는 아들을
십자가에 못 박을 수밖에 없었던
하나님의 아픔을

사랑하기 때문에
용서하고 아픔인 것입니다.

이젠 말할 수 있습니다.
당신을 사랑하면 사랑할수록

아픔의 상처가 더 크다는 걸
사랑하기 때문에
아픔이 남는 것입니다.

우연이

길을 걷다 생각나는 사람이
당신이었으면 좋겠습니다.

산속 길을 헤매다 앞길을 인도하는 이가
당신이었으면 좋겠습니다.

아주 오래 전에 잊었던 얼굴이 다가오는 이가
당신이었으면 좋겠습니다.

오늘 아침도 당신 얼굴로 시작되는 하루가
되었으면 좋겠습니다.

아주 잊었던 얼굴을 서로 마주보며 지나가는 이가
당신이었으면 좋겠습니다.

버스에서 전철 속에서 우연히 인사하는 이가
당신이었으면 좋겠습니다.

내가 죽는 날 내 빈소에서 마주치는 이가
당신이었으면 좋겠습니다.

평행선에 서서

누가 만든 장난일까요
끝나지 않은 평행선

끝없이 걸어도 걸어
만나지지 않는 두 길
달리고 달려도
만날 수 없는 우리

그냥 그렇게 가라하네

손을 힘껏 내밀어 봐도
잡히지 않는 길
누군가 한 사람이
마음을 열어야 만날 수 있는 길

너와 난
왜 이 길을 가려 하는가
희망도 꿈도 보이지 않는
평행선 길을

두 길의 끝자락에서도

두 사람이 사랑하는 마음을 열어야
만날 수 있는 길
평행선에 서서
사랑하는 사람을 불러본다.

종이학을 접으며

수만 번 접고 접어야
한 마리 학이 된다는
종이학

아려오는 가슴에 사랑과 그리움을 담아
이 학을 접고 있는 내 마음
사랑하는 그녀는
사랑을 담아 접고 있는 마음을 알고 있을까.

수만 번 접고 접어도
항상 그리움만 남기고 가는
종이학

창가에 기대어
오늘도 그녀에게 날려 보낸다.
그리움과 내 사랑을

언제 이 작업이
끝날지 나도 모르는
마음의 길목에 서서
오늘도 이 학을 접고 있다.

결국 가고 말 것을

간다.
모든 것은 가고 만다.

젊음도
사랑도
그리움도
그 많은 친구도
세상에 왔던 모든 것은
가고 만다.

비가 휩쓸고 간 자리
태풍이 몰아치고 간 자리
사계절이 오고 간 자리
모든 것은 가고 만다.

이 자리에
선
보잘 것 없는 사람들

그렇게
승승장구 하던

많은 이들
다
어디로 가고 말았는가.

간다.
모든 것은 소리 없이

주마등

누군가
날 찾아와 묻거든
이런 사람이라 말해다오

젊은 시절은
꿈만 꾸다 세월 보내고
나이 먹고선
흘러간 꿈에 묻혀
주마등처럼 살다 간
사람이라 말해다오

한 세상 살다 가는 길은
누구나 같은 생각으로
평행선 길을 가고
별 차이 없이 가는 길인 것을

오래된 영사기 돌듯
되살아 움직이는 생각들

누군가 날 묻거든
가장 행복한 길만

꿈꾸다 간
사람이라 말해다오.

그리움이란 것

그리움이란
머리 한 모퉁이에만
살아 있는 줄 알았습니다.

어느 날
가슴 한 모퉁이에
신기루처럼 살아나
지워지지 않는
애절함에
가슴을 멍들게 합니다.

예전엔
이 짙은 그리움을
왜 몰랐을까요.

세월이 지나고서야
짙게 깔려오는 안개처럼
이 마음속에 깔려있는 상처
이 나이가 되어서야
그리움이라는 것을
알게 될 줄이야

내 가슴 속으로
알지 못할 그리움이
파도처럼 밀려오고 있다.
먼저 세상을 등진 이들의 신기루인가.

산다는 건
흘러가는 구름 같은 그리움

그렇게 살라하네

어린 시절
내 머리맡에서
한 구절 한 구절 읽어 주시던
아버지의 성경 구절
그렇게 살라하네

어머니의 아끼고 아끼던
그 절약정신
내 몸에 배어와
내 자식들에게 가르치라던
그 모습
그렇게 살라하네

가을 하늘
흘러가는 뭉게구름처럼
속상한 일들
마음에 담아두지 말라던
부모님 말씀
그렇게 살라하네

그땐 왜 몰랐을까.

모든 게 귀찮고 짜증스러웠는데
이 나이가 되어서야
조금은 느낄 것 같은
모든 말씀들
그렇게 살라하네

선

사람들은
저마다의 갈 선이 있다.
어떤 선을 가느냐에
인생의 길도 달라진다.

난
나의 선을 가려한다.
너무 모나지도 두드러지지도
않은 평범한 선을 가려한다.

선
각자의 선
그 선을 넘지 않고
살기 위해
각자의 테두리 속에서
우리들은 살아간다.

혼자만의 선을
가지고 살고 싶다.

모든 것을

비우자,
헛것들을 비워 버리자.
비우고 비우다 보면
나만의 선을 가지게 될 거다.

내 인생의 끝자락에 서서

사람들은 나에게 이렇게 묻습니다.
자신의 삶이 진정한 삶이었냐고

난 나 자신에게 대답합니다.
다른 이들처럼 양심적으로
이 세상을 살기 위해 최선을 다 했노라
말할 수 있습니다.

사람들은 나에게 이렇게 묻습니다.
자신을 얼마나 사랑했으며
가난하고 어렵고 불쌍한 이들을
돌아본 일은 있느냐고

난 나 자신에게 대답합니다.

너무도 어렵고 힘든 세상 살기 위해
허둥대느라
생각조차 할 수 없었노라고
이렇게 사는 것이 최선의 방법인 줄
알았노라고 말할 수 있습니다.

사람들은 나에게 묻습니다.
그렇게 사는 길이 옳은 길이냐고
당신의 살아온 모습이
최선의 길이었냐고,

난 나 자신에게 대답합니다.

내 인생의 끝자락에 서서
열심히 최선을 다해서 주어진 내 몫대로
살아온 모습이
지금의 내 모습이라고
자신 있게 말할 수 있습니다.

이른 아침 산을 걸으며

내 발은 나도 모르게
이른 아침 산을 향하고 있다.
내 걷고 있는 이 두 발 속에
당신의 발이 감추어져 있다.

푸드득
요란한 정적을 울리며
이름 모를 새 한 마리가 날아오른다.

난
이 산을 왜 오르고 있는가.
갑자기 당신의 모습이 그리워진다.
긴 머리 수정 같은 까만 눈동자
환하게 웃는 모습이
내 가슴을 파고든다.

갑자기 구토가 난다.
세상살이는 왜
이렇게 어려움이 많을까
울컥 구토가 올라온다.

산은 말이 없다.
그래서 산이 좋다.
내 걷고 있는 발 속으로 당신의 두 발이
걷고 있다.
당신의 발자국은 내 가슴 속에
그대로 남아있다.

맑은 공기로
당신의 입김을 채우고 있다.
그리움처럼
내 가슴에 사랑을 담고
내 사랑처럼
이 산을 걷고 있다.

꿈속에서

생시처럼
어제 밤 꿈속에서
수없이 군장을 꾸리고 헤쳐 대며
밤을 지새웠다.
70이 넘은 이 나이에도
이런
군인시절 꿈을 꾸고 있다.

생시의 걱정스런 생활들이
꿈으로 나타나는 것일까

주님 앞에
수없이 나를 힐책하며 기도한다.

신의 대답이 날아와 내 가슴에 남긴다.
너는 두려워하지 말라
나를 믿으라한다.
감사하며 살라한다.
모든 것은 순간에 지나가게 되어있다.

꿈속에서

차를 음미하지도 않은 채
숭늉 마시듯 꿀꺽꿀꺽 삼켰다.
가슴의
응어리들을 쏟아내리고 있다.
산다는 것
꿈과 같은 것일 게야
깨고 나면
모든 것이 일장춘몽처럼

빈 공간에서

지금
우린 어디로 가고 있는가.
세상이 모두 미쳐 버린
빈 공간에서 허우적거리고 있다.

세차게 밀려드는
파도에 힘없이 밀려가고 있는 우리
가슴은 텅 비워 빈 공간만 남아
마음 한구석에 남은 응어리들을
토해내고 있다.

이것이 우리들
삶이란 말인가.
토하고 토해도
밀려오는 구토

지금
우린 어디로 가고 있는가.
빈 공간인 이곳에 서서
숨이 턱까지 메워오는
가슴의 눈물만

허공에 날리고 있다.

이것이 우리들
인생이란 말인가.
백지장처럼
아무것도 쓰여지지 않은
빈 공간으로
모든 걸 날리고 있다.

비가 내리던 어느 날

저 빗줄기 속에서
뼛속까지 스며드는
아픔을 느끼고 있다.

그래서
비오는 날은 나처럼
우울한 사람이 많은가 보다

손잡고 걸어가는 다정한 연인들
꼬마 아이들이 재잘거리며
환한 미소를 선사한다.

비가 내리는 날
혼자서 살 속까지 스며드는
고독감에 몸부림치며 떨고 있다.
우리에게는
꼬마 아이들처럼 어린 시절이 있었을 것이다.
그땐
행복이란 걸 몰랐다.

비가 멈춘 후

맑은 햇살이 마음 깊은 곳으로
숨어버리고 있다.
저 많은 구름은
어떤 사연들을 안고 가고 있을까

비가 온 날은
더욱 푸르게 변한 나무들처럼
새로운 희망이 나를 인도한다.

뭉게구름이 수놓은 자리

살아가다 보면
모든 것이
부질없고 짜증이 날 때가 있다.
이런 날이면
창가에 기대어 먼 세상을 바라본다.

인생살이가 다 그렇지
무엇 특별한 것이 있을까
좋은 생각만 가슴에 담고
살아가라 하네

아무것도 없는 빈 공간에서
어젯밤
아내의 꿈을 반복해서 꾸고 있다.
오랜 시간이 흘러가는데도
마음에 박혀있는 응어리들이
지워지지 않는다.

꿈속에서라도
아내를 볼 수 있으니 다행인지 모른다.

뭉게구름이 수놓고 간 빈 공간에서
그리움을 덧칠해 본다.
그리움은 사랑처럼 마음에 닿으려나.

당신은 어디서 왔나요

환한 미소 고운 얼굴
내게로 다가왔습니다.
받아들일 자세도 되어 있지 않은데
가슴 속으로 파고들었습니다.

당신은 어디서 왔나요.
가슴속으로 속삭이며 물어도
아무 대답 없이
내게로 다가와
사랑으로 수놓으며 스며들었습니다.

가슴은 사랑으로 취해 버리고
아무 생각도 나지 않았습니다.
무엇인가에 덧칠해 버린
그런
내 모습이었습니다.

시간이 흐르고 흘러도
지우고 지워도
마음속의 당신은
되살아나

환하게 다가왔습니다.

당신은 어디서 왔나요.
가을 하늘 뭉게구름이 수놓은
한 폭의 그림처럼
나를 울리면서
마음속으로 파고들고 있습니다.

천천히 가는 것

천천히 가면 많은 것을 볼 수 있다.
빨리 가면서 그냥 스쳐 지나가는 모든 것들
이제야 볼 수 있다.
빨리 가는 것 만이 좋은 줄 알았는데
느리게 가면서 더 좋은 것이 많은 것을
이제야 알게 되었네.

스마트폰으로 문자를 보내는 것보다
정성이 담긴 꼭꼭 눌러쓴 편지가 정겹게 느껴지고
우체부 아저씨를 기다리는
마음을 이제야 알게 되었네.

비행기가 날고
빠르게 달리는 열차보다
덜커덩 거리며 시골길을 달리는 버스가
더 정겹다는 걸
이제야 알게 되었네.

바삐 달려온 내 인생길
이제 돌아보니
아무것도 볼 수 없었네.

빠르게 달리는 것
최고인 줄 알았던 젊은 시절
이제야 천천히 걸으면서
나를 돌아볼 수 있게 되었네.

겨울로 들어선 남은 내 생애
느린 걸음으로
완행열차를 타고
천천히 가보려네.

첫사랑 여인

차라리
만나지 말았으면 좋았을 걸

아주 어린 시절
나이 어린
긴 머리의 소녀를 마음에 담았다.

비 오는 날
때늦은 이 나이에
첫사랑 여인을 만나게 될 줄이야

마음이 공허한 날이면
마음 한 모퉁이에 남아 맴돌던
긴 머리 까만 눈의 소녀

만추의 나이가 되어 만나게 되다니
마음은 젊은 시절처럼 떨리고 있었다.
사랑한다는 말을
그땐 왜 하지 못했을까.
그때는…

첫 사랑 여인이 스쳐 지나간다.
내가 쓰고 있는 우산 사이로
왜 눈물이 나지,

차라리
만나지나 말았으면 좋았을 걸
우산 사이로
첫사랑 할머니가 지나가고 있다.
남루한 모습으로….

아버지의 모습

아침에 눈을 뜨고 있다.
옛날 아버지가 하시던 그 모습
이 나이에 나도 하고 있다.

마음의 기도
가슴속 깊은 곳에서 울려오는
나의 떨려오는 소리
두 딸과 두 사위와 두 손주
그리고 하늘나라에 가신 부모님과 내 아내

간절한 내 가슴 속의 울림
하나님은 내 마음을 알고 계실까.

언제
이 기도가 끝날까.

이젠
부모님과 사랑하는 아내 곁으로 갈 나이

이 나이가 되어서야
아버지의 기도 모습을 본다.

단 한마디

그리움을 가슴에 묻고 가는 날
눈을 감았다.
손을 폈다. 태어 날 때처럼
빈손이었다.

바람이 수놓고 간 날

수많은 자동차와 사람들의 물결
갈 곳이 없다.

보름달처럼 처량하다.

외로운 이들은
저 달을 어떻게 바라보려나

무슨 소원을 빌어 볼까,
아무것도 생각나지 않는다.

지나간 우리들의 모습들
생각하고 싶지 않은 이야기들
지우개로
지우고 지워도
더 선명히 되살아나
나의 마음을 괴롭힌다.

바람이 수놓고 간 아름다운 날
수많은 지나간 이야기들
바람은 아름다운 수를 놓으며

잊어버려야 할
젊은 날의 추억을 실어오고 있다.
알 수 없다.

보름달 속에
젊은 날의 꿈들을 수채화처럼 그려준다.
바람이 불어다 준 아름다운 이야기들
구름에 실어 보낼 수밖에 없는
너와 나의 이야기들

세월의 흔적

영종대교
난간 사이로 펼쳐지는
알 수 없는 수많은 그림들
수평선 넘어 붉게 저물어가는 노을이
안녕을 말하고 있다.

수정보다 더 선명한
가을 하늘의 아름다움
누가 그려낸 수채화 그림인가,

지는 석양에 묻혀온
그녀의 얼굴
지는 석양에 지우고 지워도
되살아 나는 짙은 그리움
세월의 흔적일까?

밝은 미소로 다가오는
그녀의 손짓
우린 늦저녁에
이렇게 만나
수평선 넘어 떨어지는 해처럼

사라지려 하고 있다.

수많은 사연들
무엇으로 다 헤아릴 수 있을까
살아온 삶의 흔적
세월의 흔적
지는 석양 노을에
지우려 하고 있다.

민들레와 동백꽃

허허한 들판에서
민들레와 동백꽃이
결투를 하고 있습니다.

수많은
나약한 이름 없는 꽃들을 짓밟으며
시시덕거리며
자신이 잘 났다고
자태를 자랑하고 있는
민들레와 동백꽃

진달래꽃이 무리지어
몰려오는데
후 불면 날아가 버릴 것 같은
민들레는 안심하라며
짓밟힌 꽃들에 큰소리치네요.

아… 아…
언제나
자유로운 들꽃들이
마음 놓고 필 세상이 올까요.

세월 속에 민들레는 바람에 날아가고
동백꽃도 세월 속에 지고
수만 가지 꽃들의 자유로운
세상이 올까요.

엄지손가락의 눈물

그땐
왜 몰랐을까요,
사랑한다는 말을

세월이 흐르고
사랑하는 이들이
가버리고 나서야
사랑한다는 말을 알게 되었네요,
수만 번 해도 좋은 말을
그렇게 어렵게 생각했네요,

당신을 사랑합니다.
정겹게 아름답게 다가오는 말
그때는 왜 몰랐을까요,

잊으려하면
더 선명하게
다가오는 얼굴들

이제야
아픔이 되어

엄지손가락을 아프게 합니다.

영종대교 교각 사이로
수많은 그림을 그리며
아려오는 아픔을
사랑으로 감싸고 있습니다.

그리움은 아픔

그날은
하, 함박눈이 곱게 쌓이고 있었다.

그녀를 만난 날
눈동자 속에서
내 마음과 같은 생각이란 걸 알았다.

가슴이 으깨지도록 지워지지 않는 생각들
그녀도 같은 생각일까요.

마음 깊은 곳에서
울려 나오는
이 한숨은 무엇입니까.

당신은 알고 있나요
이 소리가 들리나요.
동백꽃처럼 피 맺힌
이 아픔을

언제나 만날 수 있을까요.

그리움이
아픔 되어
동백꽃처럼 피 맺혀있는
이 아픈 가슴
어쩌지 못하는 이 마음
당신도 같은 생각일까요.

그리움이란
마음에 퍼지는 아지랑이 같은 신기루

그립습니다.
사랑합니다.

그녀가 오는 소리

비가 왔다간 아침은
너무 깨끗하고 아름답다.

사랑하는 그녀의
마음과 닮았다.
티 없는 아름다움

그리움을 수놓고 간 자리
그 자리에 내가 서 있다.
그녀의 향기를 맡고 있다.
향 내음이 내 가슴을 적시고 있다
언제 오시나요.
그녀의 발자국 소리를 기다린다.

그녀도
나와 같은 심정일까
이렇게 그리운 마음일까
마음은
그녀 생각으로 차 있다.

그녀가 오는 소리를 듣는다.

향 내음 같은 소리다.
아름다운 소리다.

사계절의 당신

봄이 오는 곳으로 찾아가련다.
환하게 피어나는 들꽃처럼
수줍게 웃고 있는 당신 곁으로

그곳에서 말하련다.
당신을 사랑한다고 고백하리라

여름이 오는 곳으로 달려가련다.
땀내 나는 아낙네처럼
순수하고 때 묻지 않은 얼굴로
다가오는 당신의 미소

그곳에서 말하련다.
당신을 미치도록 그리워했노라고

가을이 오는 길목에서 말하고 싶다.
성숙한 얼굴로 풍요로운 마음으로
다가오는 당신의 미소 앞에서
아름다운 열매로 태어나리라

그곳에서 말하련다.

가장 잘 익은 열매를 당신에게 주겠노라고

겨울이 오는 곳으로 달려가런다.
하얀 눈이 펑펑 어깨를 짓누르던 날
우리의 사랑이 시작된 그곳에서
바람처럼 흘러버린 세월 속에서
구름이 그려놓은 한 폭의 그림처럼

그곳에서 말할 수 있다.
우리가 있는 이 작은 공간이
행복한 계절이었노라고,

인생

삶은 하나의 작은 원과 같다.
출발점을 시작으로 돌고 돌아 제자리에 온다.

빨리 간다 자랑 마라
늦게 간다고 낙심 마라
제자리 오고 말걸

신의 부르심에 오라 하면 가고
빈손인 것을

주어진 모든 것에 감사하며 살자
남을 원망하지도 말자
한탄하지도 말자
그냥 주어진 대로 걸어가 보자.
결국은 제 자리로 오고 말 것을

인생은 하나의 작은 원과 같다.
잘난 사람 못난 사람 같은 인생
떨어지는 꽃잎처럼
그렇게 지고 말 것을

불타오르던 거대한 태양도
석양에 눈물 흘리며
흔적 없이 가버렸네

아무도 원망하지 말자.
결국은 제 자리로
오고 말 것을
인생은 작은 원인 걸

트럼펫 연주

이른 아침
사랑하는 이가 보내준
트럼펫 연주를 듣는다.
작은 나만의 무대에서
누가 연주하는지 모르는
마음 저 깊은 곳까지 울려오는
속삭임을 듣는다.

두 손 곱게 모아
피눈물 나도록
간절한 기도를 드린다.
멀리 울려 퍼지는
트럼펫 소리보다
더한 간절함으로
하나님을 불러본다.

하나님이시여
제 기도를 듣고 계십니까.
하늘까지 들리시나요.
어찌해야 합니까.
남은 내 생애

어떻게 살아야 하나요.
아무리
피눈물 나도록
소리쳐 봐도
알 수 없습니다.

하나님
이젠 알려 주세요.
내 인생
끝 점에 와 있습니다.

그림자

그녀가 나라는 사실을 안 것은 최근입니다.
너무도 똑같은 사실에 다시 놀랐습니다.
내가 움직이면 그녀도 움직이고
우린 쌍둥이로 태어났다는 사실을
최근에야 알았습니다.
아마도 살아온 나날이 힘겨워 생각할 수 없었겠지요.
오늘도 걸어갑니다.
그녀도 걸어갑니다.
떨어질 수 없는 사이
그림자

조금이라도 달랐으면 좋으련만
하나님은 그렇게 해주지 않았습니다.
그녀와 나
오늘도
팔짱을 끼고 팔자 좋은 사람처럼 걸어갑니다.
그녀와 내가 떨어져 살 날은
언제일까요.
죽음이 갈라놓을 수 있을까요.
평행선으로 걸어가면서
앞서거니 뒤서거니

그렇게 걸어갑니다.
지금까지 걸어온 것처럼

언젠가는 헤어져야 할 날
그 시간이 다가오고 있습니다.
신이 가라면
가야 할 그날
아무것도 손에 쥔 것이 없는
나약한 우리들
가는 날
손과 손, 가슴과 가슴뿐
부둥켜안고 놓지 않기로 했습니다.
절대 놓을 수 없습니다.
하나님도 이것만은 허락하시겠죠.

잊었던 날들

비무장 지대에서
생사를 같이했던 전우가 보내준
가수 이용이 부른 "잊혀진 계절"을 듣는다.
10월이면 들려오는 이 노래
내 삶도 10월쯤 왔을 게다
세월의 끝자락에 와 있다.

"잊혀진 계절"
뒤돌아보지 말자
지나간 것은 추억일 뿐이다.
생각해 본들 무슨 소용 있으랴
해야 할 일이 너무 많이 남아 있는데

뒤돌아 보지 말자.
앞만 보고 달리자.

지금도
비무장 지대에서
구슬픈 노래들이 들리고 있을까
전우들의 음성들을 마음에 담는다.

언제쯤
이 기억들이 끝나게 될까.
그날
젊음의 마지막 말
무전기 속으로 생생히 남아있는
소대장님…
긴 여운이
비무장 지대에 퍼진다.

사랑은 밀물 썰물

새 하얀 물결이
겹겹이 밀려오고 밀려가고
무엇을 실어다 주려나
밀려드는 파도는 방파제에
하얀 거품을 토해 버리고

그리움이 겹겹이 밀려와
말없이 토해 버리는 하얀 거품들
흘러간 젊음들이 파도에 부서지고
파도는 사랑
파도는 그리움

밀려오는 파도 속에서
나의 모습을 바라본다.

겹겹이 쌓인 수많은 생각들
파도가 쓸어가고
흘러간 사랑은
발길에 차이는 조개껍질처럼
그렇게 부서져 차이고

그리움도 사랑도
수많은 모래 속에 하나둘 묻으며
밀물 썰물 속에 흘려보낸다.

파도는
오늘도 생각 없이
수없이 흘러온 세월처럼
부서져 버리고
그리움도 사랑도
조개껍질처럼 아픔이 되어
파도 속으로 감추어지네.

쉽게 말할 수 있나요

사랑한다고 쉽게 말할 수 있나요.
수많은 세월이 이렇게 흘러도
쉽게 밖으로 내 놓을 수 없는 말
사랑이라는 말
마음속에 담았던 여인이 가버리고 나서야
조용히 속삭여 보았습니다.
당신을 사랑합니다.

이렇게
쉽게 나올 수 있는 말이
그때는 말하지 못했을까요.
수년 동안 마음에 담았던
그 말
당신을 사랑합니다.

당신이 하늘나라에 가버리고야
말할 수 있었습니다.

새벽 기도

어둠이 가시지 않은 이른 새벽
하나님을 만나
목이 터져라 울기 위해
새벽 기도에 참석했다.

앞에 앉은 집사님의 더 가슴 저린 사연에
한마디도 못하고 돌아왔다.

하나님이
내 기도를 들어주시 못하고 있는 이유를
이제야 알 것 같다.

행복이란 것

'인간극장'의 소영씨의 행복의 생활을 보고 있다.
눈이 장애자인 아버지,
뇌를 다쳐 어려서부터 장애자로 태어난
소영씨

항상 맑게 웃으며 긍정적으로 살아가는 딸
천사란 이런 것이구나.

무엇이든 하고자하는 젊은 딸로서 아버지가 전부인 딸

나를 낳아 주서서 감사합니다.
아버지 사랑합니다.

살아가면서 난 한번도
부모님께 사랑한다고 표현해보지 못했다.

난 얼마나 행복한 사람으로 태어났는가.
자신이 부끄러워 고개를 들 수 없다.

딸은 아버지의 눈이 되어주고
아버지는 딸을 이끌어 주는 정신적 지주

이렇게 신은 세상을 살아가게 하고 있다.

다시 태어나도
아버지의 딸로 태어나고 싶다는
소영씨,
34살의 꿈 많은 처녀
그를 위해 기도한다.

12월의 아침

12월은 이런 날이었으면 좋겠습니다.
그리움과 아름다움과 사랑만이
바다처럼 넘쳐나는 그런 날이었으면 좋겠습니다.

어느 날 이름도 모르는 여자 아이가 걸어온 전화가
인연이 되어
앞을 보지 못하는 어린 소녀의 아버지가 되어준
훈훈한 그런 가슴 넘치는
12월 아침이면 좋겠습니다.

가슴을 열고
아무나 들어올 수 있는
그런 훈훈한 마음 되어
이야기 나눌 수 있는
12월 아침이었으면 좋겠습니다.

흑백사진처럼 빛바랜 그런 추억이라도
아름다움이 흘러넘쳐
뭉게구름이 희망을 수놓고 간
꿈이 샘물처럼 솟아 넘치는
12월이었으면 좋겠습니다.

창문을 열면 바다의 짙은 비린내가
넘치던 어린 시절 추억이 되살아나는
개구쟁이들이 보고 싶어지는
내 꿈이 진행되고 있는
12월이었으면 좋겠습니다.

한 해가 가려 합니다
이 자리에서 나를 바라보고 있습니다.

2부

비 오는 거리의 단상

정동진의 아침

정동진의 아침은
젊음들로 넘치고 있다.
짙은 어둠이 가시지 않은 이른 새벽
구름 사이로 나타날 태양을 그리고 있다.
수많은 생각들

바다의 우렁찬 파도가 나를 움켜쥘 듯이
밀려오고 밀려간다.

이 어둠 짙은 속에서
나를 바라보고 있다.

태양은 수많은 사람들의 소원을 싣고
힘차게 떠오를 것이다.

힘차게 올라라
태양아.
수많은 어려운 사람들의 소원
한 아름 안고서
힘차게 올라라
태양아.

한숨 소리

가슴 깊은 곳에서
울려오는 소리

구름아 넌 그냥 가려하니
이 아린 소리를 못 듣고 가려하니

지나가는 바람이
살며시 알려주고

깊은 한숨을
구름이 실어가네
멀리멀리 실어가네

깊은 가슴속

얼마나 깊은지
이 나이가 되도록 살아왔는데
알 수 없다.

젊은 나이 때는
사랑으로 다 메일 줄 알았다.
이 작은 가슴 하나도 채워지지 않았다.
밤이 지새도록 울기도 했다.

중년의 나이가 되었다.
살기 위해 온 몸을 불살라도
채울 수 있는 가슴이 아니었다.
얼마나 깊은지 알 수 없다.

이렇게 살다보니
노년의 나이가 되었다.
이제야 조금은 알 수 있을 것 같다.
마음의 깊이는
자로 잴 수 없는 것이라고.

한 밤 자고 나니
속은 비어 있었다.

어린아이 미소

엄마 등에서 천사가 웃고 있다.
환한 미소로 엄마 등에 비비며 웃는다.
나도 저런 때가 있었겠지
누가 만들어 놓았는가.
해맑게 웃는 얼굴을
어린아이는 천사다.

엄마 등에서 응얼거리며
천사가 잠들어 있다.
하얀 얼굴에 아무 걱정 없는 얼굴
나도 저런 시절이 있었겠지
누가 만든 것일까.
저 잠든 천사의 얼굴을
어린아이는 천사다.

나의 두 딸들이 아장 거리던 때가 생각난다.
아장아장 걷고
낮은 포복으로 기어가며 웃던 모습
그땐
모두가 천사였다.

세월은 미소도 걷어 가는가.
이 나이가 되어
두 딸들의 어린애가 된 내 모습을 본다.
그래도
난 두 딸들 어린 시절 그때처럼
천사의 미소는 없었다.

두 딸들은 지금도
나에겐 천사다.

신이시여

차라리 인연이 닿지 않았으면 좋았을 걸
왜 만나고 헤어지게 하면서
아픔을 주는 것입니까?

신이시여
세상천지를 다 돌아다녀도
찾을 수 없는 당신
그래야만 되는 것입니까?

지우려하면 더 선명히 다가오는 당신
이것이 사랑이고 그리움이란 걸
예전엔 몰랐을까요.
사랑이고 그리움인 걸
알려주려 마음을 아프게 하는 것인가요.

신이시여
그런 것이라면
나도 그녀 곁으로 가게 해주십시오.
아무리 외쳐 봐도
삶과 죽음은 신만이 할 수 있는 것

오늘도
당신을 만나게 해달라고
피맺힌 기도를 하고 있습니다.

단 하나의 젓가락

젓가락이 짝을 잃었습니다.
저 수많은 젓가락 속에서
짝을 잃었습니다.
어떻게 찾아야 할까요.

이리 맞추고
저리 맞추어도
잃어버린 짝은 아니었습니다.

오늘도 짝을 찾아 헤매고 있습니다.
저 수많은 젓가락 속에서
내 짝을 찾을 수 있을까요

맞추고 맞추다 보면
언젠가는 나와 비슷한 짝이 있겠지요.
오늘도
열심히 짝을 맞추어 봅니다.

살다보면 우연이란 것이 있습니다.
이렇게 헤매다 보면
우연한 기회에 내 짝을 만날 수 있겠지요

신만이 할 수 있다는 걸
아주 오랜 시간이 흘러서야 알 수 있었습니다.

하나님
제 짝을 찾을 수 있을까요

이름 없는 들꽃

산길을 걷다 길가 모퉁이 아주 작은
들꽃을 밟았습니다.
신음 소리도 내지 않고 웃고 있었습니다.

누군가에 밟혀도 웃는 얼굴로 답하는 들꽃
그런 세상이 되었으면 좋겠습니다.

실수에도 용서해 줄 수 있는 삶
그런 삶이 되었으면 좋겠습니다.

하나님은 모든 걸 용서하고 사랑하라 하십니다.
우린 알면서도 실천하지 못하는 사람들입니다.
길가의 들꽃만도 못한 인간들
그래서 하나님은
떠나보내는 마음의 아픔을 주셨나 봅니다.

오늘도 산길을 걷고 있습니다.
하나님이 주신 용서와 사랑을 알기 위해
떠나보내는 아픔을 알기 위해
말없이 들길을 걷고 있습니다.

길

한없이 걸을 수 있는 길
그 길이 내 길이다.

내게 주어진 길
십자가의 길이라도 할 수 없다.

사람에겐
누구나의 길이 있다.

아픔 뒤에 남는 것들

아린 상처 뒤에 남는 것들은 무엇일까.
상처보다 더한 아픔일거야.
치유 뒤에 남는 것
단단한 마음
희망 꿈
그런 것들도 싣고 오는 것
아픔의 치유일 게야

바람이 말했다.
모든 건 바람처럼 지나가는 거라고
아무리 깊은 상처도
바람처럼 사라지는 거라고

햇빛이 말했다.
상처란 햇빛 하나에 아물고 마는 것이라고

우리 인생은
떨어지는 꽃잎처럼
그렇게 돌고 도는 것

아파하는 그 가슴에는

아파하는 만큼
희망 꿈이 몰고 올 거야
바람처럼
햇빛처럼
그게 상처를 치유하는 방법일 거야

언젠가는 치유되고 사라지는 것
그게 아픔이지

어느 노부부

젊은 시절
당신은 아름다운 얼굴이었는데
내 가슴이 너무 떨려 말도 더듬으며
사랑 고백을 했는데

어느새 이렇게
백발의 하얀 머리가 되어 버렸나요.

여보
내가 처음 당신 만났을 때
어디서 저런 신사가 숨어 있었나 했지.
떨리는 가슴으로 잠을 이룰 수 없었는데
세월은 우리를 이렇게 만들고 있네요.

그래도 여보
지금의 당신은 정말 아름답고 사랑스러워
당신은 내가 지금까지 살아오면서
다시 만날 수 없는 최고의 신사였어요.

우리 하늘나라 가는 날
손 꼭 잡고 같이 갑시다.

처음 만날 때 가슴 아리고 설레게 하던 마음처럼
손 꼭 잡고 기쁜 마음으로 갑시다.

그래도 살아야 한다

아무리 그래도
살아야 한다.

더러운 세상
기다리면 오리다 생각했지
꿈이 넘치는 세상이

옛날 말에
구관이 명관이란 말이 있다.
이런 세상이 올 줄
누가 생각했겠는가.

그래도 이기고
살아야 한다.
살다보면
좋은 날도 오겠지

꿈꾸는 세상이
반드시 오겠지
이게 희망이지
그리움이지.....

민들레 사랑

바람이 불면
한 번에 사라지는 민들레처럼

그렇게 잊어지리라 생각했지
더 선명히 다가오는 당신의 얼굴

사방으로 날아가는 민들레 꽃잎처럼
날아가고 나면 다시는 생각나지 않으리라
생각했는데

날려 보내면 보낼수록 더 생각나는 것입니까.

보내는 만큼
다시는 떠오르지 않고 지워보려 했는데
되살아나

이렇게 마음 아프게 하는 것입니까.

지우려 하면 할수록
더 선명히 다가오는

당신의 얼굴을 어찌하면 좋겠습니까.

아줌마 이발사

옛날 이발사들은 째각 째각
요술사처럼 가위를 놀렸다.
옛것을 잃어버리고 있다.

아줌마가 전기 이발 기계로
드르륵 드르륵 머리를 민다.
옛날 가위 소리가 그립다.

이발사 아저씨들의
세상 돌아가는 소리도
이젠 듣기 어려운 세상이 되어 버렸다.

나이 젊은 이발사 아줌마들이
전기 이발 기계로 춤을 춘다.
소리가 요란하다.
드르륵 드르륵

정겨운 가위 소리가 듣고 싶다.

길가에 핀 해당화

사람이나 꽃이나 마찬가지다.
있어야 할 자리에 있을 때
빛이 나게 마련이다.

도로 한 모퉁이에 핀
해당화
피어야 할 곳에 피어야
빛이 나는 것은 꽃도 마찬가지다.

외딴섬
바닷가
세찬 바람이 부는 모래언덕 해안가
그곳에 핀
해당화 한 송이가 보고 싶다.

당신을 만나러 가는 길

구름 사이로
당신이 가고 있습니다.
당신을 만나러 가는 길은
솜털 구름처럼 가슴이 뛰고 있습니다.

이 길을
언제까지 걸을 수 있을까요.
구름이 달 가듯이
당신이 손짓하는
이 길을 가고 있습니다.

사계절이
언제 이렇게 흘렀던가요.
얼마나 더
당신을 만나러 이 길을 올 수 있을까요.

바람이 수놓고 가는 이 길로
당신이 오라 손짓하네요.

내가 가는 길

난
지금까지 한 치 앞만 보고 걸었다.
멀리
볼 줄을 몰랐다.
세상은
이렇게 넓은데

왜
이렇게 살 수 밖에 없었을까.
멀리
바라본다.
세상은 바라보는 것만큼 넓다.

한 치 앞만 보면 한 치 앞밖에 보이지 않는다.
두 치 앞을 보면 두 치 앞이 보인다.
멀리 시야를 두면 한 없이 넓다.

왜
예전에는 볼 줄을 몰랐을까.

시들고 말면

아름답게 꽃망울 터트리는 향기
화사하게 가슴에 파고드는 긴 여운
젊음의 냄새
자랑하지 말거라.

시간이 흐르면
시들고 말 것을

아름다움은
젊음의 냄새는
보이는 곳에만 있는 게 아니다.

마음 깊은 곳에서 품어 나오는 향기
멀리까지 날아가지

정치도 마찬가지
모든 게 자기 세상 같지만
세월이 가면
시들고
감추어진 추한 것이 드러나지
저 역한 냄새

그땐
모든 게 들어나지

여름 비

찢어진 우산하나 가지고
쟁탈전 벌이던 비 오는 날의 아침
우리 형제들은 이렇게 싸우며 자랐다.

여름 비가 세차게 뿌린다.
젊은 날 난 사랑하는 이를 만났다.
둘이는 가난한 연인들이었다.

어깨를 맞대고 행복감에 젖어
걸으며 좋아했다.

비가 세차게 때린다.
혼자 남아 멍하니 서 있다.

연꽃

어쩌다
저 넓은 연못 한가운데서
아픔을 달래면서
피눈물로 피어났는가.

수많은 이들의 가슴 한가운데
피멍이 들도록 고개를 들었는가.
저 고운 자태
눈물을 흘리게 하는 이유는
아픈 사연 많아서인가

눈이 시리도록 흐르는 방울방울마다
넓은 연꽃에 이슬을 묻고 있다.

너는 아는가.
저 수많은 연꽃들의 사연들을
아픔으로 가슴에 묻고
눈보라 속에서 진통으로 피우기 위해
수많은 눈물이 연못이 되어
그곳에서 피어나는 한 송이 연꽃 사연을

비 오는 거리의 단상

창 너머 흐르는 저 소리
긴 머리의 여인이 우산도 없이
걸어가고 있다
무슨 말 못 할 사연이 있는 걸까

삶에 지친 노부부가
축 처진 어깨로 비를 지붕 삼아
폐휴지에 묻혀 머리만 내민 채
자전거를 힘들게 밀고 간다.
삶의 지친 무게를 실어 나른다.

젊음이 넘치는 연인이
남자가 씌어주는 옷자락 속에서
밝은 웃음으로 행복한 미소를 지으며 걸어가고 있다.

쌍무지개 뜨던 어린 시절 소나무밭
시골 언덕 끝자락에서
순이와 나는 풀잎 반지를 끼워주며
가슴 으깨도록 먼 약속을 했었지

식어가는 찻잔을 놓고

우리는 어디로 가고 있는가.

사람들은 누구나
희망과 꿈을 가지고 있다

기다림 속에서 그리움 속에서
꿈도 이루어질 것이다.

소의 모정

여름 장마와 산사태가 온 지역을
아수라장을 만들었다.

이 세상에는 소만도 못한 사람들이 많다.
임신한 몸으로 지붕에 올라 사흘을 버틴 끝에
쌍둥이를 순산했다.
이런 모정을 소에게서 배운다.

이 세상에는 소만도 못한 사람들이 많다.
수없이 많은 사람들
그들의 가슴속에는 무엇이 들어 있을까
자신의 자식을 헌신짝 버리듯 하는 인간들도 있다.

이 세상에는 소만도 못한 사람들이 많다.
온통 가식과 탐욕과 불만과 시기와 분노로 그득한
수많은 인간들
그들의 가슴 속에는 무엇으로 차 있을까
순박하고 묵묵히 자신의 일만 하는
소의 마음을 배우고 싶다.

세상살이 험한 길이 앞에 놓여 있어도

누구도 탓하지 않고 자신의 길만 가는
황소의 묵묵함을 담고 싶다.

세상에는 소만도 못한 사람들이 너무 많다.

나팔꽃

아침에 환한 미소로 피어나
환한 미소를 선사하는 너
나팔꽃이 되고 싶다.

언제나 아침을 알리며 미소 짓는
나팔꽃으로 태어나고 싶다.

저녁이 되면 시들고 마는
하루만 살다 가는 인생살이
누구도 원망하지 않고
미소만 주고 가는
나팔꽃이 되고 싶다.

힘겨운 가느다란 줄기에 의지하며
미소만 가지고 많은 사람의 가슴에 남는
나팔꽃
너를 마음에 두고 싶다.

달무리

문학산 뒷자락에 실눈썹 같은 초승달이 걸려있다.
마주 보며 걸을 순 없어도
우린 같은 방향을 가고 있다.

평행선처럼 길게 뻗은 길을 말없이 걷고 있다.

-생텍쥐베리- 말처럼
사랑은 서로를 마주 보는 게 아니라,
서로 같은 방향을 바라보는 것이다.
위 말에 난 같은 생각이다.

초승달과 난 마주보며 걸을 순 없어도
서로 같은 방향을 향해 가고 있다.
이런 의미 속에서
마음 깊은 곳까지 사랑하고 있나 보다.

난
오늘도 문학산 뒷자락에 걸린 초승달을
사랑하고 있다.

코로나19

지리하게 남은 내 생을 묶어 놓고 있다.
인간들이 만들어 논 유행병
그것의 덫에 걸려있다.

언제쯤 이 유행병이 끝날 것인가.
수많은 사람들의 신음소리
신에게 들렸을까

신은 모든 걸 아시는 분이시다.
인간들에게 경고를 보냈으나 귀 기울이지 않아
징벌하시는 것이다.

아직도 정치꾼들은 내 편 네 편만 가르고 있다.

아, 대한민국
이 나라는 어디로 갈 것인가
국민들의 신음소리만
온 천지를 진동하고 있다.
어느 누가 해결할 수 있을까
신만이 알 수 있다.

가을 단상

고추잠자리 날던 시골길이 그립다.
순이와 내가 반 벌거숭이로 달음질치던
그 길들이 그립다.

아버지가 추석 선물로 사준 검정 운동화
비 내리던 날 젖을세라 가슴에 안고
뛰어가던 그 시골길이 그립다.

넓은 마당 널려있는 빨간 고추
그 곳이 그립다.

단감들이 실타래 뭉치처럼
처마자락에 걸려있는
초가집이 그립다.

고추잠자리 한 마리가
빨랫줄에 간당간당 매달려 있는
시골 마당이 그립다.

달님아 별님아

달님아 별님아
이제야 너희들을 볼 수 있게 되다니

무엇이 그리 바빠
여기까지 앞만 보고 뛰어왔니

돈 명예 권력 부귀영화
아무것도 남아 있는 게 없는

이제야
어둠 속에서 너희들이 환이 보이다니

백발이 된 내 모습
어떻게 이제야 보이는 거니

달님아 별님아
보고 싶다.
너희들은 내가 어디로 가야하는지 알고 있지...

두 갈래 길

깊은 산속에서 길을 잃었다.
두 갈래 길
어느 길을 택할 것인가는 내 마음속에 있다.

한참을 생각했다.
결국 어려운 길을 선택했다.
지금도 알 수 없다.
왜 그 어려운 길을 선택했는지...

신만이 알 수 있다.

꽃들의 아픔

화려한 자태를 자랑하던
꽃잎들
어느 날 꽃잎이 지고서야
나를 알 수 있었네
자신이 이렇게 초라하고 볼품없다는 사실을

한없이 추락하고야
자신의 모습을 볼 수 있었네

무엇을 위하여 화려함을 나타내려 했던가.
결국 이렇게 되고 말 것을

누구나 화려함은 잠깐이라는 사실을
초라한 모습을 보고야 알 수 있었네

가을 하늘

나도 티 하나 없는
가을 하늘이 되고 싶다.

파란 저 속에는
무엇이 있을까
모든 것을 비우고
파란 가을 하늘이 되고 싶다.

파란 하늘에서
내 사랑히는 아내를 만날 수 있을까.
사랑하는 부모님을 만날 수 있을까.

그 속에
나를 묻어본다.

가을 단상2

바람이 몰려와 쌓인 낙엽을 밟으며
가을이 가는 소리를 듣고 있다.

청명한 파란하늘은 뭉게구름으로 살아옴을
수놓고 가고 있다.

누가 저토록 아름다운 한 폭의 그림을 그릴 수 있을까

젊은 시절 꽃다운 나이로 만나
이 길을 걸어 왔는데
하얀 머리가 나를 끌어 내리고
얼마나 더 살아야
내 아내와 이 길을 걸을 수 있을까

낙엽은 말없이 떨어지고 날리고

10월이 가는 길목

바람처럼 왔다.
안개처럼 사라지는 세월의 길목

낙엽이 휘날리는 길을 걷고 있다.
누가 말했던가.
세월은 긴 것이라고
신기루처럼 왔다 흔적 없이 사라지는
시간이 멈추어진 길목에 서서
마음 한구석의 낙엽을 날리고 있다.

하늘의 뭉게구름이
날 오라 손짓하고
흐트러진 낙엽들이 마음을 휘몰아 가고

어디쯤에 내가 갈 자리가 있을까.
어디쯤 가야 쉴 자리가 있을까.

갈대의 울음

가을바람에 스쳐가는 저 소리
저 울분
너는 아는가.

해 질 녘
목마르게 가슴까지 떨리게 하는
저 소리
너는 아는가.

너는 비겁하지 않은가
이 더러운 세상
입 다물고 있는 네 마음
갈대 소리를 듣고 있는가.

이젠 말해야지
언제까지 이렇게 살 수는 없지 않은가.
말해야지, 말해야지.
저 갈대의 울분을

나에게 말할 수 있는 자유를 달라.

뭉게구름

저 구름 뒤에는 누가 숨어 있을까.

저 구름 뒤에 사랑하는 이가 있을까.
저 구름 뒤에 내 아내가 있을까.
저 구름 뒤에 사랑하는 부모님이 계실까.

저 구름 사이에 내 첫사랑이 흐르고 있을까.
모두가 보고 싶다.

구름은 말없이 흘러가는데
무엇을 더 찾으려 하는가.
구름아 너는 내 마음을 알겠지

가을비

여름 장마처럼 가을비가 내리고 있다.
무엇이 그리 슬퍼
이리 울고 있는 걸까.

하염없이 흘러내리는
저 눈물
무슨 사연이 저리도 많아
그칠 줄 모르는가.

마음이 텅 비도록
쓸어가고 있는 아린 추억들
어디만큼 흘러가고 있는가.

그래
내려라
마음의 응어리 다 풀리도록

가슴 깊은 곳

가슴 저 깊은 곳에서
울컥 올라오는 말 못할 저항

민주주의란 무엇인가?
정의란 무엇인가?

시들어가는 잡초들 속에서
죽기 살기로 고개 밀고 올라오는
저 몸부림
날 세워진 칼끝에도 굴하지 않는
저 절규

민들레가 후 바람에
산산이 부서지고 날아가도
언젠가는 다시 모여
더 큰 무리를 이루듯
정의는 사라지지 않을 것이다.

정의는 누구도 막을 수 없다.

겨울로 가는 인생

네 마음은 비워 있는가.

진눈깨비 바람에 날려 사라지듯
우리 인생도 겨울로 가고 있다.

한때는 솜털처럼 포근한
젊은 시절도 있었지
인생이란
한평생 그런 줄만 알았다.

세찬 바람에 흐트러지는 민들레꽃처럼
진눈깨비는 세찬 바람에 휘날리고 있었다.

지금 마음은 비어 있는가.

가야 할 길을 정하고 있는가.
너 나 없이 마지막
가는 길은 같다.
솜털처럼 날리던 눈송이도
겨울의 세찬 바람에는 어쩔 수 없는 거야

지금 네 마음은 비어 있는가.

3부

우린 같이 가고 있습니다

행복이란 것

행복이란 아지랑이 같은 것
흔적 없이 왔다가 흔적 없이 사라지는 것

우리는 매일 행복을 안고 살아가지만
느낄 수 없어
지나고 난 후에야 느낄 수 있는 것

안개 같은 것
그게 행복이란 걸 지난 후에야 알게 되지

행복이란 어느 누구도 만질 수 없어
오직 하나님만이 만질 수 있어

행복이란 자신이 만들 수 있는 것

또 한 해

또 한 해가 저물어 가고 있습니다.

코로나에 묻혀 이렇게 가버린 세월
빛바랜 흑백 사진처럼 마음 한구석에 아쉬움으로
남아 나를 힐책하고 있습니다.
무거운 내 어깨를 짓누르는 세월의 아픔들
또 한해가 저물며 모든 것을 내려놓을 시간들이
다가오고 있습니다.

모든 것은 언젠가는 묻혀 버리고 흔적 없이
사라지고 마는 것이 세월인 것을

구름도 흘러가고
바람도 흔적 없이 가버리고
모든 것은 흔적 없이 사라지고 마는 것을

나는 그렇게 나의 갈 길을 기다리고 있습니다.
흔적 없이 가버릴 그날을 기다리고 있습니다.

들꽃

이름 없는 들꽃은
사람들의 발길에 차이면서 살아갑니다.
원망하거나 욕하지도 않습니다.
오직 자신을 희생함으로 묵묵히
살아갑니다.

자신을 버려야
사랑도 생깁니다.

세찬 비바람과 폭풍이 몰려와도
인내하며 자신을 지키는
들꽃
그에게서 사랑을 배워갑니다.

노을 진 창가에서

마음 으깨도록 당신을 불러 봤습니다.
사랑한다는 것은 아픔입니다.

노을 진 창가에서
당신의 얼굴을 그리고 지우기를
수만 번
한 마리의 학을 접기 위해
마음의 손가락을 으깨도록
수없이 접어 봅니다.

사랑한다는 것은 아픔입니다.
그래도 사랑은 아름다운 것입니다
내 모든 것을 사랑하는 이에게 줄 수 있다는 것은
행복입니다.

받는 사랑보다 주는 사랑은
더 큰 행복을 가져다줍니다.

그래서 사랑한다는 것은 아름다운 것입니다.

오늘도
해 지는 창가에서
메아리만 들려오는 당신을 불러 봅니다.

달력의 의미

또 하루를 지워 갑니다.
이렇게 365일 지우며 사라집니다.

우리가 산다는 것
흔적 없이 지우는 것입니다.
기억들을 지워 버리듯이
모든 걸 지우는 것입니다.

달랑
한 장 남은 달력에서
365일을 지우는 것입니다.

어차피 마지막 가는 길은
모든 걸 지우고 가는 길입니다.

이런 세상 저런 세상

사람 살다 보면
마음 차는 일 없습니다.
마음속
아무리 비워내도 채워지지 않습니다.
빌어먹을 세상
아무리 욕하고 저주해도
채워주지 않습니다.

사람 살다 보면
때가 오기 마련입니다.
그 때는 모든 것이 드러납니다.
잘난 사람 못난 사람 추한 사람 악한 사람
그들이 살아온 대로 안고 가게 되어 있습니다.

다음 세상에서
하나님 앞에 설 때
어느 누구도 거짓말을 할 수 없습니다.
모든 것을 다 알고 계신 절대자 앞에
어떻게 변명할 수 있겠습니까.
거짓은 다 드러나게 되어 있습니다.

우리 만날 수 있을까요.

까마득한 옛날 일입니다.
그녀를 만났던 날이

지금도 마음에 남아
가슴을 아리게 하고 있습니다.

봄날
아지랑이처럼 날아와
온몸을 휘감아 버린
그녀의 미소
잊어야지 잊어버려야지
하면서도 잊지 못하고
방황하는 못난 나

우리 만날 수 있을까요.

정말 오랜 세월이 흘러 버렸네요.
저 파란 하늘에
뭉게구름이 몰려와
그녀의 얼굴을 그리며 사라지는 날이면
마음에 공허함으로 남아

지우고 지워버려야지
하면서도 잊지 못하고
마음 아려 하는 못난 나

우리 만날 수 있을까요.

하나님 어떻게 하면 되나요?

더 나은 세상이 오리라 생각했는데
더 좋은 세상이 오리라 생각했는데
진실은 반드시 이기리라 생각했는데
법이란 누구에게나 평등하다고 생각했는데
민주주의 국가에서는
자유와 평등은 살아 있는 것이라 생각했는데
마음대로 안 되는 세상

하나님 어떻게 하면 되나요.

모든 것은 때가 되면 지나가리라
참는 자에게 복이 있나니 천국이 저희 것이오.
인간인지라
저 깊은 곳에서 끓어오르는 분노를 참을 수가 없네요.
저 영혼 깊은 곳에서 울려오는 소리
모든 것을 용서하면 마음이 편한 것을

정의란 진실이란 이기게 되어 있단다.
하나님 말씀
믿기로 했습니다.

하나님
사랑하는 이를 만날 수 있나요.

하나님
언젠가는 사랑하는 이를 만날 수 있을까요?
답변은 단 하나.

"간절한 소망은 꼭 이루어질것이다."
간절한 기도는 꼭 들어 주십니다.

삼손이 목말라 외쳤던 그 소리를 저도 외치게 하소서
"엔학고레"*
샘솟게 하소서 제 영혼에도
사랑하는 이를 위해 외치게 하소서
목말라 애타는 모든 사람들에게
외치게 하소서

"엔학고레"

*   부르짖는 자의 샘물

꽃들의 무덤

들꽃들은 자신이 태어난 곳에 떨어집니다.
그곳이 자신들의 무덤입니다

산길을 걷다 보면 임자 없는 무덤이 있습니다.
차라리 땅속 깊이 묻혔으면 좋았을 것을

저 으리으리한 무덤 누구의 무덤일까요.
좋은 일을 많이 했을까요.

내가 다시 태어난다면
이름 없는 키다리 아저씨로 태어나고 싶습니다.
어려운 환경에서 남을 돕는 아저씨
세월이 흐른 후
아무것도 남은 것이 없는
자신이 부끄럽습니다.

후 불면 한 번에 날아가는 민들레처럼
멀리 날아가 흔적 없는 무덤이 되고 싶습니다.
민들레 무덤처럼

저도 이름 없는 키다리 아저씨가 되고 싶습니다.

이 세상 내 것은 없습니다

모든 것을 알아서 주시는 주님

오늘도 눈을 뜨게 해주시는 주님
두 손을 부여잡고 마음에 손을 대 봅니다

항상 모든 것을 미리 예비해 주시는 주님
모든 것을 주님께 맡기고 살아갑니다.

이 세상 살다보면
내 것은 아무것도 없습니다.
잠시 빌려 사는 것

너는 마음에 근심하지 말라
주님은 모든 것을 미리 아시고 계십니다.

온갖 부귀영화도 잠시
주님이 부르시면 가야 합니다.

이 세상 내 것은 없습니다.

동장군

마음까지 시려온다.
꽁꽁 얼어버린 가슴속
풀어 버리면 아무것도 아닌 것들
마음 깊숙이 뭉쳐져서 풀릴 줄 모르네

동장군은 춥기나 하지
마음속 깊은 곳은 더 얼어 있네.
무엇으로 녹여야 할까
녹여 버리면 아무것도 아닌 것들
사람들은 그런 것을 품고 살고 있다.

실타래에처럼 풀어버리면 쉽게 풀릴 것들
시작이 어렵다.
동장군이 녹아내리듯
그렇게 풀리면 될 것을
사람들은 가슴 깊은 곳에
동장군 보다 더한 아픔을 안고 살고 있다.

초라한 겨울나무

산허리 한가운데
초라한 겨울나무 한 그루 서있네

화려했던 옷들일랑 다 벗어버리고
알몸으로 서있네
비바람이 몰아치고
하얀 눈이 내리건만
벌거벗은 몸으로 서있네

쎙한 바람이 비웃듯 희롱하고
개구쟁이들이 내리쳐도
아무 말도 못 하고
언제나 그 자리에 서있네

낙엽들이 서걱대고
때론 휘갈겨도
초라한 겨울나무 한 그루 서있네

탱자나무

무슨 아픔이 그리 많아
가시나무로 태어났는가.

파란 새싹이 나는가 하더니
주먹만 한 노란 열매 맺어
겨울철 뜨거운 한 잔의 차 되어
평생 남의 아픈 사연만 듣는가.

결국 이름 없는 초가집 담장이 되어
지키더니
마지막 순간을
활활 타는 장작 불쏘시개 되어
죽음을 맞이하는 너

탱자나무 한 그루
네가 되고 싶다.

세월이란 것

달랑 한 장 남은 달력이 어제였는데
신축년 새해가 일주일이 지나고 있다.
세월이란 것
나이만 가져다주고
추억만 놓고 가네.

그래도 살아야 하는 것
항상 시작은 끝이 있음을 의미한다.
시작한다는 것은 희망이 있다는 말과 같다.

내가 살아온 세월
죽을만치 가슴이 찢기도록 아프던 기억들
결국은 처음으로 돌아와 있다.

세월이란 것
돌고 도는 물레방아와 같다.

간절한 기도(동행)

신발가게 앞에서 무릎을 꿇고
신발 한 켤레만 달라고 간절히 기도하고 있는
어느 소년의 이야기를 읽고 있습니다.

사람들에게는 누구나 간절한 기도가 있습니다.
이 기도를 들어주시는 것은 하나님이십니다.
하나님은 아무 기도나 들어 주시지 않습니다.
얼마나 간절한 기도를 하시는가를 보십니다.

우리 인간들이 살아가는 것은 혼자가 아닙니다.
같이 동행하게 되어 있습니다.

새 신발을 사주고 발을 씻어주신 여인에게
하나님의 사모님이시냐고 묻는 그 맨발의 소년
그에게는 그 여인이 하나님입니다.

예수님이 십자가에 못 박혀 돌아가시기 전날 밤
피눈물로 기도하시던
그 기도
너는 그런 기도를 했는가.
마음이 갈기갈기 찢어지도록 피맺힌

너는 그런 기도를 했는가.

하나님은 정말 외로우신 분인지 모릅니다.
자신만의 기도를 들어 달라고 외치며
들어주시지 않는다고 원망하는 이들

얼마나 고민과 아픔이 많을까요.

하나님은 간절한 기도를 원하십니다.

우린 같이 가고 있습니다

아무도 걸어가지 않은 눈길
두 발자국이 걸어가고 있습니다.
하나는 내 발자국
또 하나는 당신 발자국

당신이 하늘나라에 있다하여도
우린 같이 가고 있습니다.
내 가슴 속에는 당신이 있기 때문입니다.
바람이 불어와도
눈보라가 휘날려도
우린 둘이 걸어가고 있는 겁니다.

끝이 보이지 않는 평행선 길이라 해도
둘이 만날 수 없는 길이라 해도
우린 하나입니다.
당신이 기억 속에서 까마득히 사라졌다 해도
내 가슴에 심장이 뛰고 있는 한
우린 같이 걸어가고 있는 겁니다.

당신이 먼저 간 저 언덕 너머 끝자락
당신이 기다리고 있는 한

묵묵히 걸어갈 겁니다.
신기루처럼 오라 손짓하는
당신 곁으로

그 겨울

하얀 눈송이는 소복소복
무슨 이야기를 싣고 오는 걸까

저 산속 멀리
작은 오두막집
할배 한 분이 살고 있다
눈이 내리면 손 얼룩진 선명한 찻잔에
수년째 같은 이야기를 실어 나르고 있다.
세월의 흔적만 남은 얼굴에 눈동자만 살아
하늘나라에 간 아내를 기다리고 있다.

"누가 이 사람을 모르시나요."
알리가 부른 유행가가 눈물겹게 흐르고 있다.

남과 북은 숨 쉴 틈도 없이 막혀버려
그리운 추억만 차곡차곡 옛 이야기되어 쌓여가고 있다.
이 겨울이 지나면
저 할배가 기다리는 아내가 오려나,

올 겨울도 춥기만 하다.

계절이 바뀌고서야
당신을 사랑한다는 것을 알았네

기차가 긴 기적을 울리고 떠난 후
정막하다는 것을 알았네.

뱃고동 소리 울리며 떠나는 연락선을 바라보며
떠나보내는 아픔을 알았네.
봄, 여름, 가을, 겨울이 오고서야
꽃이 아름답다는 것을 알게 되었네.
모든 것을 떠나보내고서야
아픔이 남는다는 것을 알았네.

나와 죽음 사이도 한걸음 밖에 안 된다는 것을
인생 끝 무렵에 와서야 알게 되었네.

우리가 사랑한다는 것도 사랑할 때는 느끼지 못하는 것
사랑이 마음속에 지워지면서 참 사랑을 알게 되는 것

계절이 바뀌고서야 당신을 사랑한다는 것을 알았네.

첫눈의 추억

사람들은 누구나 첫눈이 내리면
한 가지씩 추억을 가지고 있다
가슴이 미어지는 아름다운 이야기들이 있다.

서로의 아픔, 끈으로 이어지지 못한 이야기도 있다
한 평생 미어지는 마음으로 첫눈에 실려 보내는 이도 있다
누구나가 즐거운 이야기만 있는 게 아니다
그래도 첫눈이 내리는 날은
모든 이가 들뜨는 이유를 알 수 없다.

온 세상을 하얀 색깔을 칠하고 있다
모든 더러움 추악한 것들이 잠시나마 덮혀 있다
그래서 좋아하는지도 모른다.
하얀 눈이 그대로 남아 있으면 좋겠다.
봄이 되어 그 속에서 동백꽃이 피듯이
만발한 꽃들이 피어났으면 좋겠다.

사람들은 누구나 첫눈이 내리면
그 추억들을 회상하며 살고 있다.
눈이 덮인 곳에서도 피어나는
빨간 동백꽃처럼

지나간 일기장에서

오늘도 꿈을 꾸고 있다.
수만 가지 살아온 꿈들

꿈들을 위해 달리고 있다.
꿈들은 꾸면 꿀수록 다른 꿈들을 가져오고 있다

사람들마다 각기 다른 꿈들을 가지고 살고 있다

젊음이 넘치던 시절은
희망과 아름디움과 끝없이 별쳐지는 꿈들로
마음이 떠다니기만 했다
세월을 걸치며 꿈들은 하나 둘 사라지고
지나간 일기장에서 나의 삶을 발견하고 있다.

꿈은 넓은 사막의 신기루 같은 것
그래도 잃어버려서는 안 되는 것
꿈은 오아시스 같은 것

파란 하늘처럼 희망과 소망이 있기 때문에
우린 살 가치가 있고 꿈을 잃어버리지 않는 것이다

꿈이 없다는 것은 죽음과 같은 것

별 한 아름

어둠이 짙은 밤하늘
셀 수 없을 만큼 많은 별 무리
한 아름 가슴에 담는다.
무슨 생각들이 저리 많아
수많은 사람들의 무리 속으로
파고드는 것일까
별 한 아름 주머니에 담아본다

어둠이 짙은 밤하늘
별똥별이 긴 포물선을 그으며
누군가의 가슴으로 파고든다.
무슨 사연을 실어 나르고 있는가.
밤하늘의 수많은 별들
우리들의 아픔을 알기는 알까

너 나 할 것 없이 별 한 아름 가슴에 담는다.

웃을 수 있는 사람

행복이란
가슴 깊이에서 올라오는 기쁨
그런 것

마음껏 웃을 수 있는 사람
몇 사람이나 될까요.

수많은 사람 중에
진정 웃을 수 있는 사람
일이나 될까요.

길을 걷다가 하늘을 보고
목이 터져라 웃을 수 있는 사람
그런 이를 보고 싶네요.

내 가슴속으로 들어온 사람

당신은
어쩌다 내 가슴속으로 들어 왔나요.
별처럼 많은 사람 중에서
제 가슴을 울렸나요.

당신은
어쩌다 내 마음을 뺏어 갔나요.
셀 수 없는 모래알처럼 많은 사람들 중에서
제 혼을 가져갔나요.

당신은
어쩌다 저에게 사랑을 알게 해 주었나요
오고가는 수많은 사람들 중에서
이 못난 나를 택했나요.

인연이란 알 수 없는 것
하나님이 맺어준 신기루 같은 것
내 가슴속으로 들어온 당신
우린 죽어도 같이 가야 할 사람

잊어야지

지금까지
모든 걸 잊으며 살아왔다.

세월이란
잊으라고 있는지 모른다.

사람들은 누구나 잊어버려야 할 것들이 있다
마음에 간직한들 외로움만 남는다.
가슴 깊은 곳 쌓여 있는 묵은 이야기들
다 지우기로 했다

아침 햇살이 눈부시게 뿌리고 간다.
빠른 걸음으로 따라가 본다.
부질없는 것들
잊어야지

시간은
잊으라고 같은 방향으로 돌고 있는지 모른다.

시계가 같은 방향으로만 돌듯
생각도 같은 방향으로만 돌고 있다.

기다림

다가갈 수 없어
멀리서 바라만 봅니다.

마음과 정신은 혼미하도록
지쳐 있는데
당신은 이 마음을 알까요.

봄바람이 속삭이듯
귓가를 스치며 지나갑니다.
차마 다가설 수 없는 마음
먼발치에서 바라 보기만 합니다
언젠가는 오리라는 기다림으로
바라만 봅니다.

사랑한다는 것은 아주 가까이 있어도
멀기만 합니다.
사랑한다는 것은 마음과 마음이
하나가 되는 것입니다

사랑한다는 것은 언제까지나
기다림입니다.

또 봄이 오고

세월이란 물레방아입니다
한 방향으로만 가는 바보

또 봄을 불러오고 있습니다.

안개

온 세상을 가려버린
안개
하나님은 인간세계의 추악함이 보기 싫은 것이었을까
안개가 온 세상을 가리고 있다

세상은 고모라 성 같은데
안개는 말없이 세상을 덧칠하고 있다

하나님
당신의 생각은 무엇입니까

원수를 사랑하라 입니까.
소돔과 고모라 성의 최후의 심판을
생각하고 계십니까.

정의를 사랑하는 마음 깊은 곳의 양심
듣고 계시나요.

눈 속에 오른 동백꽃

눈 속에서도 꽃망울은 피어오른다.

빨간 동백꽃
너의 입술은 누구를 유혹하고 있는가.
새 하얀 눈 속에서 꽃망울로 피어나
누구의 환심을 사려 하는가
싸한 겨울의 추위 속에서도
너의 아름다운 자태는
누구와 견줄 수 있겠는가

겨울의 세찬 비바람에도 굴하지 않은 너
빨간 꽃망울을 터트리기 위한 피맺힌 절규

멀리서 매화꽃이 너를 조롱해도
나는 나의 길을 갈 것이다.

환한 미소로 봄을 맞이할 것이다.

마음의 깊이

수만 가지 생각들로 엉켜있는
너
하나님은 왜 이리 만들었을까
그 깊이
재면 잴수록 깊어지는
너
알려고 하면 할수록 더 수렁에 빠지는
너

하나님은 어쩌다 이렇게 만든 걸까
손바닥 보다 작은 네가
어찌 그리 많은 생각들로 가득한가

모든 걸 아낌없이 상대방에게 주면
이렇게 마음이 편한 걸
마음이란
모든 걸 주면 더 크게 돌아오는 사실을
이제야 알게 되었네.

낮이 있으면 밤도 있듯이

항상 낮만 있는 건 아니다
항상 밤만 있는 건 아니다

살다보면
낮도 있고 밤도 있다
살다보면
행복도 있고 불행도 있다

사는 것
슬픔이라는 것이 있기에 균형이 유지되나 보다.

고향 가는 길

돌담길 돌아 엄마 찾아 가는 길
옹기종기 초가지붕 골목길 돌아
고향 가던 길
그 옛날이 생각난다.

코로나로 막혀
영상 매체로 부모님께 세배하는 시대
삭막한 시대

덜컹거리는 버스에 짐짝처럼 실려
고향 가던 길
멀리 고향집 보이던 산마루에서
마음 벅차오르던
그 시절 고향 집이 그립다.

하얀 머리 날리며
두 딸과 외손주 외손녀 기다리는 세월
이렇게 시간은 가고 있다.

그립다
그 시절 고향 가는 길

눈 사이로

하얀 눈 사이로 걸어가고 있다.
백설위에 찍혀진 두 발자국
둘로 나누어 놓고 있다
너와 나

저 마을 끝자락
멀리 미루나무 한 그루 서 있다
그 곳을 향해 두 발자국이 걸어가고 있다
저 하얀 벌판을
난 왜 나누려 하고 있는 걸까
하얀 벌판 그대로 두려 하면 할수록
선명한 발자국이 따라오고 있다.

미루나무 사이로
이름 모를 작은 새 한마리가 날고 있다.
자유를 만끽하며
나도 저 새처럼 돌아오지 않는 소풍을 떠나야지

눈이 내리고 있었다.

멀리 고목나무에 하얀 눈이 쌓이고 있었다.

창가에 기대어 우린 오래된 이야기를 하고 있다
친구야
우린 어린 시절 왜 그리 가난했을까
군불 때는 아궁이에서 엄마가 묻어 논 군 고구마로
입 전체가 검둥이가 되어도
그땐 행복했었다.

왜 이리 답답할까
온통 썩어버린 이 세상
하얀 눈으로 덮어주었으면 좋겠다.
썩은 내가 눈 위로 올라올까 모르겠네.

친구가 말했다
썩은 속에서도 봄은 올까
그 속에서도 동백꽃 몽우리가 고개를 들어 올리듯이
복사꽃도 필까?

하얀 눈이 소리 없이 쌓여가고 있다
고목나무에도 하얀 눈이 쌓이고 있다

왜 못 살던 그때가 그리워질까

창 너머 눈은 계속 내리고 있다.

오늘을 버려야 내일이 있다

오늘을 철저히 비우고 아무 것도 없을 때
내일은 채워질 것이 생긴다.

주체할 수 없을 만큼
지나치게 돈과 시간을 많이 가진 사람들이
행복하다 할 수 있을까
자신이 감당하지 못할 정도의 시간과 돈은
내 것이 아니다
비워야 한다.
정치인들도 그릇이 되지 않은 사람들이 많아
빈 소리 요란하고
무얼 채워야 할까

모든 것을 철저히 버리고 비울 때
새로운 것이 채워질 수 있다
인간들은 채우려고만 한다.
비우려 하지 않기 때문에 사고가 발생한다.

잊어야 할 것은 철저히 잊어버려야 한다.

헛된 생각들은 빨리 잊을수록

좋은 생각들로 채울 수 있다.
가슴의 모든 생각들을 비울 수 있어야
하나님을 만날 수 있다.

4부

꽃구름

봄이 오는 소리

깊은 산속에서 울려오는 소리
봄을 몰고 오고 있다.
겨울이 시샘하듯 찬 공기를 몰고 와도
봄 앞에서는 어쩔 수 없다.

버들강아지가 고개를 살며시 내밀고
실바람이 살포시 내 목을 감싸며 친구 하잖다
산골짜기 작은 시냇물 얼음물 녹이고
봄바람이 오고 있네요.

저 실바람 어디로 가려하고 있나
한 폭의 수채화 그려놓고 어디로 가려하고 있나

봄이 오는 속삭임
사랑하는 이의 속삭임보다 더 고운 목소리
어디로 가려하고 있나

옥색 댕기

옥색 댕기 옥색 치마 날리던
그 시절
옛날이 되어 버렸네,
수줍어 옷고름 입에 물던
새악시
추억만 남기고 사라졌네,

다신 되돌릴 수 없는 추억의 시간들
그립다

젊은 시절 저 곱던 수줍던 새악시
주름의 연륜은 더해가고
삶에 지친 흔적들로 남아있네

옥색 댕기 날리던 시절이여
봄처럼 오려나.

당신은 사랑의 편지를 써 본 일이 있나요

아주 옛날 푸른 제복시절
희미한 남포등 밑에서 불러주던 편지 한 장
어이 김 일병
선임 하사가 건네주던 편지 한 장
가슴에 안고 떨리는 손으로 밤새 설레던 한 통의 편지

당신은 사랑의 편지를 써 본 일이 있나요

지금의 젊은이들
전화 한 통, 가톡 한 구절로
너무도 빠르고 쉽게 전할 수 있는 말
그때는 밤이 새도록 사랑하는 이의 마음을
가슴 한구석 겹겹이 쌓으며
몇 날을 생각하며 편지를 새겼다.

아 사랑하는 이여
눈물 흘리며 가슴 아파하던 그 젊은 시절
사랑의 아픔으로 가슴 저려오던 시절
당신은 이 아픔을 느낄 수 있을까요

당신은 사랑의 편지를 기다려 본 일이 있나요

복수초

겨울의 강추위를 뚫고 올라와 강인함을 보여주는 너
복수초의 노란 꽃 몽우리
수줍은 시골 산골 작은 마을 아낙네의 힘
그래 이름이 복수초라 지었는가.

언젠가는 올 봄날
우리는 만날 수 있다는 희망에 준비합니다.
하얀 눈 꽃 속에서 살포시 내미는 노란 봉오리

당신을 처음 본 순간 사랑했고
내 심장은 너무 뛰어 당신의 눈동자에
숨이 멈추어 버렸던 순간들
복수초 너처럼 강인한 마음
어떤 여자도 사랑할 수 없습니다.
사랑하는 마음을 마음에 두고 있다는 것은
평생 마음을 비워둘 수 없습니다.

복수초처럼…

봄날이 다 가고 나서야 알게 되었다
노란 꽃잎이 떨어지고 나면 한없이 초라함을

자신의 모습을 알게 되었다
아무것도 아닌 초라한 자신을
무엇을 위해 하얀 눈 속에서 고통을 참았던가.
무엇을 위하여 화려한 꽃을 피웠던가.
이렇게 되고 말 것을

복수초는 알고 있었다.

처음 가는 길

오늘의 시작은 처음 가는 길입니다.
우리의 인생 길
시작은 누구나 처음 가는 길입니다
처음 가는 길은 마음을 설레게 하고
꿈을 실어다 줍니다
처음 걷는 길은 희망이 있습니다.

앞으로 남은 길은 모두 다 처음 가는 길입니다
무엇이 있을지 모릅니다.
하나님은 인생길에서
처음과 끝을 알려 주고 있습니다.

처음 가는 길
인생길에는 누구나 처음이 있습니다.
처음은 마음을 부풀게 합니다.
결과가 무엇이든 처음은 깊이 마음에 남습니다.

인생의 끝나는 길에서
우리의 걸어온 모든 것을 알게 됩니다
후회 없는 종착역이 되길 원합니다

나를 가라 하네

바람이 나를 가라 떠밀고
구름이 나를 오라 손을 흔 드네

내가 살아온 모든 걸 접으라하네

봄비가 살랑 살랑 눈물을 가져다주고
모든 것을 비우라하네
내 어깨를 적시며 무거운 마음을 내려 놓으라하네
저 멀리 아지랑이 손짓하고
사막의 신기루가 나를 오라하네
잠깐이었던 인생길
우리의 소풍은 이렇게 끝나가고 있네.

어쩜
길기만 했던 인생인지도 모르지
빈 털털이로 남은 것이라곤
이 몸 하나
그렇게 나를 가라하네

지워야 할 사람

이리 지우지 못합니까
지울수록 더 선명히 떠오르는 사람
지우면 지울수록 선명한 자국
어찌해야 합니까.

이리 지우지 못합니까
가슴이 멍들어 버린 이 흔적
무엇으로 지워야 합니까.
눈물과 통곡으로 덮으려 해도 덮을 수 없습니다.

나의 소풍이 끝나는 날
당신의 아린 흔적도 지울 수 있을까요

이리 지우지 못합니까
다 타버린 아린 흔적들
저 높은 곳 뭉게구름이 실어가네요
싸늘한 바람이 실어 가네요.

종이 눈물

접으면 접을수록 각이 되어
마음으로 파고드는 당신의 얼굴
종이도 눈물이 있음을 알고 있나요

하얀 백지장이라도 당신을 향한 마음은
그리고 그려도 채워지지 않네요.
덧칠만 하고 있는 마음을 당신은 알고 있나요

하얀 종이 위에 당신의 얼굴이 그려지는 날은
언제나 올까요.
먼발치에서 바라볼 수밖에 없는 이 터질 것 같은 마음
언제쯤 당신께 전해질 수 있을까요
종이 눈물을

사랑의 길

길은 있다가도 없어집니다.
오늘 다녀간 길
이름 모를 작은 꽃들이 웃고 있습니다.

내일은 어떤 길이 나를 반기고 있을까요
그 새로운 길은 무슨 꽃들이 반길까요

길은 있다가도 없어집니다.
누군가에 의해
새로운 길을 만듭니다.
그러나
변하지 않는 길이 하나 있습니다.
사랑의 길입니다
이 길은 변할 수 없습니다.
이 길이 없어진다면
우리의 사랑도 끝나고 말기 때문입니다

오늘도 많은 이들이
사랑의 길을 만들고 있습니다.

이별하는 연습

우린 언젠가는
모든 이들과 소풍을 끝내야 할 날이 오게 되지요
사랑하는 이들과 이별한다는 것은 가장 큰 아픔입니다
오늘도 수많은 사람들이 이별합니다

이별 뒤에는 무엇이 남을까요.

두 사람이 만나 돌아서는 뒷모습이
공허하게 다가옵니다
그렇게 사랑했던 두 남녀
왜 돌아서는 이별 앞에 놓여 있나요

사랑하는 이들은 하나님이 갈라놓는 이별 외에는
돌아서는 이별이 오지 않았으면 좋겠습니다.

사랑하는 이들에게는
낙서 한 장에도 사랑의 흔적들이 남아 있기 때문이죠.

이별하는 연습은 신만이 할 수 있는 것
사랑하는 이들은 모든 이야기들을
사랑으로 알았으면 좋겠습니다.

봄이 오는 소리

바스락 바스락
봄이 오는 소리가 귓가를 노크합니다.

파란 움틈들이 시샘하듯
세상 밖으로 고개를 내밀고 있네요.

겨울의 찬 서리가 아직 남아 있는데
성급함을 이기지 못해 시샘하듯
서로 파란 옷들을 자랑하고 있네요.

바스락 바스락
봄이 오는 소리가 심장을 노크합니다.

아직 가슴은 차가움으로
봄을 맞을 준비가 되어 있지 않은데
자꾸 가슴을 밀어 젖히네요.

겨울의 눈이 아직도 저렇게 쌓여 있는데
깊은 산속 골짜기의 물줄기는 봄을 재촉하네요.

저 아지랑이 한 무리 속에
봄을 몰고 오네요.

통곡의 기도

마음의 깊은 곳에서 울려오는 저 소리
통곡의 소리
눈물이 가슴을 적시는 줄도 모르며
울부짖는 소리

피멍이 들도록 용서를 빌던
저 소리

예수님께서 십자가를 지고 골고다 언덕으로 올라가던
지 소리
가시면류관을 쓰시고 로마병정에 희롱당하시던
저 소리
가슴에 들리는가.
당신은 무엇이기에 인간의 죄를 대신 지시고
십자가의 아픔을 다 지셨는지

이른 아침
당신의 소리를 듣기를 원합니다.
제 가슴에 남기를 원합니다.

당신의 아픔을…

가시 바늘

먼지보다 작은 가시하나
아픔으로 남는데
당신의 아픔을 몰랐을까요.

작디작은 아픔에도 죽을 것처럼 소리 쳤는데
당신의 그 마음 쓰라림은 느끼지 못했을까요.

신기루처럼 다가오는 당신의 형상에서
가슴의 통증을 느끼고 있습니다.

예전에 몰랐던 아픔을 가슴 깊이 느끼고 있습니다.
이제야 당신의 아픔을 느낄 수 있습니다
가시 바늘만도 못했던 상처가 이렇게 아픔을 주는지
이제야 마음속에 담습니다.

목련꽃 그늘에서

하얀 목련꽃 사이에서 봄이 오는 소리를 듣고 있다
이 소리를 외치려고 추위를 뚫고 있는가

하얀 몽우리 사이로 세월의 아픔을 칠하고 있다
오로지 하얀색으로만 수놓고 있는 손길
마음만 타들어가고 있다

봄이 오는 속삭임
아름다운 사랑 이야기를 쓰고 있다
봄은 사랑노 싹트게 하나보다
하얀 봉오리가 소리 없이 터지는 소리
아름다운 음악이 되어
그녀의 가슴으로 날아가고 있다.

하얀 목련꽃 그늘에서 그녀의 소리를 듣고 있다
당신이 있는 한 봄은 내 곁에 올 것이다
눈을 감았다 뜨면 당신의 얼굴이 보이는 것처럼
봄은 당신의 소리를 듣고 내 곁으로 올 것이다

목련꽃 그늘에서 당신에게 사랑한다 편지를 쓰고 있다.

하늘아 하늘아

저 하늘의 뭉게구름처럼 살다 가리라
훨훨 자유롭게 살다 가리라
바람과 친구 삼아 흐르는 대로 살다 가리라

입 굳게 다물고 가슴에 모든 걸 담고 구름이 흐르는 대로
그렇게 살다 가리라

하늘아 하늘아
너에게 크게 외치리라
내 마음의 모든 아픔과 울분 너는 알리라
구름이 수놓고 간 자리에서 난 그림을 그리리라
내 살아온 삶의 모든 것을 한 폭의 수채화로 남기리라

하늘아 하늘아
저 소리들이 들리느냐
가슴으로 피멍 든 사람들의 외침을
아무리 바람 속에 피맺힌 붓을 놀려 그린들
저 아픔을 지울 수 있겠니

지금도 눈만 뜨면 울려오는 저 포성의 울분
자식을 보낸 부모의 마음을 어디에다 그릴 수 있겠니

하늘아 하- 아-
너는 알고 있겠지

얼음장 밑으로 오는 소리

맑은 교향곡 소리가 들려온다.
웅장하고 장엄한 인생의 소리
이 소리를 들려주기 위해 추운 겨울을 이겨냈는가.

얼음장 밑으로 오는 소리
저 소리를 듣기 위해 우리는 봄을 준비했는가
가슴속 깊은 곳으로 밀려오는 소리
아픔을 지우려 하는가

먼 곳으로부터 흘러내려
넓은 호수에서 만나듯
우리도 만날 수 있을까
눈을 감았다 뜨면 당신이 내 가슴에 와 있듯이
하얀 눈 속에서 노란 들꽃이 피듯이
눈을 감았다 뜨면
당신이 내 곁에 있을까

행복의 비밀

사람들은 태어나면서부터 행복을 찾아 떠난다.
우리는 무엇을 원하며 살아 왔는가.

행복이란 것
별거 아니었다.
잘난 사람 못난 사람
백지 한 장 차이었다
앞면과 뒷면 차이였다

억만장자와 노숙인
행복은 저마다 달랐다.

욥의 말대로
내가 가는 길을 아시는 이는 하나님 한 분이시니
그에게 맡기는 것이 행복일 것이다.

행복을 알려고 나서는 것은 신기루 같은 것
행복은 아주 가까이 마음속에 있는 걸

사람들은 저마다 행복을 찾아 떠난다.

일어서야지 힘차게

그래도 일어서야 합니다
내 모든 인생의 설 수 없는 좌절과 절망이 와도
우린 일어서야 합니다

기다리고 기다려도 오지 않는 사랑이라도
내 모든 것이 부서져 나갈 것 같은 아픔이 오더라도
우린 일어서야 합니다

젊은 시절
기다려도 오지 않는 사랑하는 이를
밤늦게까지 애타게 기다리며
가슴이 찢어지는 절망 속에서도
사랑과 기다림을 알게 해준 것처럼
그래도 일어서야 합니다

세상살이가 암울하고 어둡고 절망적이라도 가슴에 묻고
그래도 일어서야 합니다

젊은 시절의 아픔이든 노년의 아픔이든
처음 가는 길의 아픔입니다
어느 것이 더 크다 할 수 없이 아픔은 다 같습니다

모든 것을 이기고 일어나야 합니다

저 동녘 하늘의 떠오르는 해처럼 힘차게
일어서야지
전진해야지
힘차게

4월의 길목에서

우리 모두는 길목에서 서성이고 있다
너 나 할 것 없이
누가 잔인한 4월이라 했는가.

아랑곳없이 수만 가지로 피어나고 있는 꽃들
각자 나름대로의 사연들을
한 아름씩 안고 태어나고 있다
누가 아픈 사연들이 없다 말할 수 있는가
4월은 이렇게 시작되고 있다

사거리 한복판에서 누구나 서성이고 있다
너 나 할 것 없이
4월은 이렇게 서성이고 있다

새로운 날이 올 것을 사람들은 기대하며 산다
우리의 가슴속에 수만 가지 꽃들이 피어나고 있다
4월의 탱자나무 속에서도 탐스런 열매가 열리고 있다
그렇게 아픔으로 태어나고 있다

저 아우성들이
수만 가지 나름대로의 꽃들로 피어날 것이다

꺾이고 꺾여도 새로운 꽃들로 피어날 것이다.
4월의 길목에 서서

그래도 봄꽃은 피리라

그래도 톡 톡 봄꽃은 소리 없이 피어나고 있다
향기조차 잃어버린 벗님네
어찌 이 세상에 왔는가.

그 곳도
세상이 어지럽던가.

사람 발길 닿는 곳
만만한 곳 있던가.
그래도 세상천지 봄꽃들은 피어나고 있다

돌고 도는 세상살이
무엇이 문제 될 것이 있단 말인가

그래도 봄꽃은 피리라
공해 속에 미세한 먼지들이 들끓어도
세상천지 말없이 비집고 일어나는 꽃망울
누가 막을 수 있단 말인가

화사한 거리를 수놓을 저 무리의 꽃들
언젠가는 알게 되리라

꽃구름

구름이 수놓고 간 꽃구름
어느 누가 그렸을까

아무리 그리고 그려도 그릴 수 없는
저 구름의 비밀
어느 누가 그려놓고 갔을까

파란 높은 하늘에 옥색 꽃을 그리는 이는 누구실까
세상의 더러운 것을 하나씩 지우시는 이는 누구일까

구름이 수놓고 간 꽃구름
어느 누가 그렸을까

지우면 지울수록 가슴 깊이 파고드는 꽃망울
가슴이 시퍼렇게 멍들도록 피어대는 꽃망울
피우고 지고 피우고 지고 언제까지 그리고 갈려나,

언젠가는 화사한 꽃잎들로 활짝 피어나겠지
꽃구름으로

꽃눈

하얀 꽃들이 날리고 있다
파란 하늘에서 하얀 눈이 내리고 있다.

눈은 겨울에만 내리는 것이 아니다
마음과 마음을 건너 가슴속에서도 내리고 있다
사랑하는 사람들에게는 사랑의 눈이
분노한 이에게는 분노의 눈이 내릴 것이다

저 꽃눈들은 어디서 와서 어디로 가는 걸까
계절이 바뀌고 나면 또 무엇이 되어
내 마음을 파고들까

하얀 꽃눈들이 내리고 있다
연인들의 가슴에도
노년들의 아픔에도
하염없이 쏟아지고 있다

우리에게 무엇을 날라다 주려 하고 있는가.

하나님과 매일 만나

오늘은 하나님께 무엇을 말할까
매일 만나는 나의 하나님
오늘은 무슨 이야기를 전해주시려나

활활 타는 용광로에서 자신을 불태워 녹으면서
새로운 정금으로 태어나는
가치 있는 사람이 되게 해 주시옵소서
두려움 없이 아름다운 정금이 나올 수 없는 것처럼
모든 불의에 용기 있는 사람이 되길 원합니다.

가슴에서 가슴으로 녹아내리고 있는 이 말씀
깊이 마음에 담기를 원합니다.

저를 언제나 불러 주시는 주님
순종하는 믿음으로 살게 해주심에 감사합니다.

내 영혼이 피곤하고 곤하여
어찌 해야 할지 모르고 방황 할 때
항상 내 기도에 귀 기울이시는 하나님

오늘도 간절한 마음으로 하나님께 나아갑니다.
모든 구원은 여호와께 속해 있음을 믿습니다.

안갯속을 걸으며

이른 아침 짙은 안갯속으로
걸어가고 있습니다.
내 아내의 말없는 손짓 따라
걸어가고 있습니다.

안개여
거두어 갈수만 있다면 거두어 가다오
그 속에서 아내의 얼굴을 보리라

이 길을 우수의 길이라 했던가.
말없이 걸어가고 있다
이젠
소풍을 끝내고 싶다

어둠이 가시지 않은 안갯속으로
걸어가고 있습니다.
저 멀리 아내의 얼굴이 보입니다.

누가 이 길을 사랑의 길이라 했던가.
말없이 걸어가고 있다
이젠
인생의 소풍을 끝내고 싶다

여호와는 나의 힘

내게서 모든 것이 떨어져 나갔습니다.
아무것도 남은 것이 없습니다.

내 살아온 인생길
머리에서 발끝까지 아무것도 없습니다.

우리는 무엇을 위해서 뛰는 걸까요
행복을 위해서 일까요.
꿈과 희망을 위해서 일까요
모든 것은 가버립니다
내 머리 속에 남은 것 하나

여호와는 나의 힘
끝가지 모든 것을 채워 주시는 하나님
나의 모든 것을 구원해 주시는 하나님
그 분만이 나의 힘이십니다.

꽃들의 길목에서

젊은 날에는 꽃들이
그리 아름다운지 잘 몰랐습니다.

수만 가지 꽃들이 피어나는 작은 길목에서
아주 작은 이름 모를
꽃 한 송이를 보았습니다.
오고 가는 사람들이 밟고 가는 속에서
고개를 들고 웃는 작은 꽃 한 송이
나이 먹어서야 알게 되었습니다.
그 아름다움을

사랑한다는 것은 희생입니다
사랑한다는 것은 배려하는 마음입니다
다른 이를 위해 나를 내놓는 희생 그게 사랑입니다

젊은 날에는 그 들의 아름다움을
그리 아름다운지 잘 몰랐습니다.

수만 가지 피는 꽃들의 길목에서서
아름다움을 그리고 있습니다.

사랑이란 것

마음이 멈추어지고 떨려
강렬한 눈빛만으로 서 버린 순간
그게 사랑이란 걸 가슴으로 느껴오는 전율

마음과 눈빛만 남기고 뒤돌아서는 마음
그게 사랑이란 걸 알았습니다.

사랑은 기다림이란 걸 마음에 담으며
한마디 말도 못 하고 마음만 애타는
그게 사랑이란 걸 알았습니다.

숨이 멈추어지고 가슴에 타오르는 정열
가슴에서 가슴으로 받아들이지 못하는 강렬한 불꽃
그게 사랑이란 걸 알았습니다.

오늘도 창가에서 그녀에게 보내는 분홍 엽서
그게 사랑이란 것
조금은 느껴오는 떨림
사랑이란 것

빈 가슴

모든 걸 비우고 싶다

아무 것도 채우고 싶지 않다
그냥 비워두고 싶다

아무도 들어오지 말았으면 좋겠다.
빈 가슴
그냥 비워두고 싶다

네 믿음대로 될지어다

예수님께서 한 백부장에게 한 말씀
"네 믿음대로 될지어다."
가슴 깊이 담고 살려고 합니다.

믿음은 어디서 오는가요.
이 나이가 되도록 깨우치지 못하고 사는 죄인
주님은 아시나요.
가슴이 아픔으로 깨지도록 사랑해 주십시오.

이 못된 죄인을…

너는 나를 누구라 하느냐

시몬 베드로의 신앙 고백을 담고 싶습니다.
"주는 그리스도이시요, 살아계신 하나님의 아들
이시니이다."

성령과 믿음으로 모든 삶을 이기는
제가 되길 원합니다.
나는 참 믿음을 가지고 베드로의 고백을 하고 있는가.

잡다한 세상의 생각들
꽉 막힌 가슴의 응어리들
움켜쥐고 있는 내 생각들
어떻게 믿음의 신앙 고백을 할 수 있는가.

버리자
버리는 연습부터 해보자
모든 것을 비우는 날

너는 나를 누구라 하느냐에 답변하리라

깨어 있으라

너는 주님을 맞을 준비가 되어 있는가.
너는 주님을 맞을 믿음을 가졌는가.
너는 주님을 기다리고 있는가.

아무런 준비도 없이 주님을 기다리는 이 죄인을
주여 용서하여 주시옵소서.

깨어 있으라는 성경 말씀을
마음 깊이 받아들이게 하여 주옵소서
이제는 모든 세상 것을 비우고 마음속에
주님만 받아드리게 하소서

지금까지 주님을 믿는다며 세상과 화합하며
살아온 죄인입니다.
저의 모든 마음을 깨트려 주시고
통곡의 기도를 하게 하옵소서

참 눈물을 흘리게 하옵소서.
깨어 있으라. 이 말씀
마음을 울리게 하소서

내 당신

당신은 어디서 와 나와 인연을 맺었나요.
곱디고운 당신
내 모든 마음을 다 가져가 버린 당신

당신은 어디서 와 나의 모든 것을 가져갔나요.
꽃보다 아름다운 당신
내 마음에 가시처럼 꽂아 놓고 가 버린 당신

당신은 무슨 생각으로 나에게 왔나요.
내 마음을 파고든 당신
내 온 정신을 몽롱하게 뺏어 놓고 가 버린 당신

어디에서도 찾아볼 수 없는 당신은
왜 나를 혼자 남기고
훨훨 모두 버리고 날아가 버렸나요.

홀로 빈껍데기로 남아 울고 있는
내 마음을 어찌하렵니까.

내 당신
어디서 찾을 수 있나요

혼자 남은 자리

이 자리에 넌 왜 서있는가
모두가 다 가버린 빈자리
무엇이 남아 있는가.
홀로 남아 있는 자리

빈껍데기로 아무것도 없는
공허한 마음
넌 그 자리에 왜 서있는가
아무도 없는 혼자만의 자리
어디로 가야 하는가

저 높은 하늘로 기러기 떼들이 무리 지어 날아가는데
혼자만 떨어져 방향을 잃어버리고
멍하니 서있다
어디로 가야 하는가

혼자 남은 자리

간절한 외침

언제 부르짖어 보았는가.
까마득히 오랜 시간 지난 후
한숨만 남은 그날
맹인 바디매오(막10:46-52)의 울부짖음
간절한 소망의 외침을 부르짖어 본 일이 있는가.
가슴속 깊은 곳에서 우러나오는 긴 외침

언제 외쳐 보았는가.
너의 영혼의 눈을 떠 달라고 진정 외쳐본 일이 있는가.
마음 깊숙한 곳으로부터 우러나오는 소리를
들어본 일이 있는가.
멍하니 깊은 마음속을 쥐어짜며 울림이 있는 소리
들어 본 일이 있는가.

오랜 세월이 흐른 후 이제야
후회의 눈물을 흘리며
인생의 끝 무렵에 와서 울부짖고 있는가.

주여
영혼의 눈을 뜨게 하옵소서.

아기의 미소

방긋 웃는 아기의 웃는 모습
천사를 보았는가.
이보다 더한 천사의 얼굴을 본 일이 있는가.

입가의 터질듯한 미소
온통 함박웃음
이보다 더 귀한 선물이 있을까

아가의 눈망울이 머문 자리
터질듯한 양쪽의 볼 사이
하얗게 드러난 치아 두개 밑으로 드러난 미소
이런 천사를 보았는가.

저 심장 속에는 어떤 착한 마음이 들어 있을까.
만지면 만질수록 웃는 얼굴
네가 되고 싶다
아기의 미소
네가 되고 싶다.

5부 봄이 머물고 간 자리

봄이 머물고 간 자리

네가 떨구고 간 꽃잎들
말하지 않아도 난 알 수 있다.

네가 남기고 간 빈자리
공허함만 남기고
우린 어찌하란 말인가

흔적을 남기지 않아도 좋았으련만
우린 그 자리에서 너의 흔적을 쓸고 있다

봄이 남기고 간 자리는
마음의 모든 것을 쓸어 가기만 한다
그래 꽃잎만 남기고 가는 것인가

인생이란 봄이 가고 난 자리와 무엇이 다른가.
쓸쓸함만 남긴다.

내년에도 봄은 꽃잎만 남기고 갈 것이다

비가 우는 소리

아련하고 애달픈 소리
왜 울고 있는가.

차라리 울려면 통곡이나 하지
흐느낌은 무엇인가

너의 흐느낌
가슴에 와 대못처럼 질러 놓고
통곡이나 하지
흐느낌은 무엇인가.

그래 울거라
통곡하며 울거라
그리하면 가슴은 잔잔한 파도처럼 되겠지

비가 우는 소리
흐느끼는 소리

당신이 간 자리

빈자리
당신이 머물다 간 자리
왜 이리 큰지 예전엔 몰랐을까요.

당신이 없는 자리에서
작은 내 공간을 메꾸려 애쓰고 있습니다.

메꾸면 메꿀수록 더 커지는 빈자리

커다란 공간 한가운데서 나를 보고 있습니다.
혼자서는 메꿀 수 없는 이 공간을
마음 한구석에 자리하고 있습니다.

꽃잎이 다 떨어지고서야 초라함을 알게 되었다
자신의 본 모습을 이제야 알게 되었다.
당신이 가버린 이 공간에서 아무것도 아닌
내 모습을
무엇을 위하여 피우려했던가
결국 이렇게 되고 말 것을

당신이 간 자리에서 오늘도 서성이고 있다.

오월의 하늘

오월의 하늘은 늘 기쁨으로 충만합니다.

구름이 머물다 간 자리에 오월은 있습니다.
축제로 물들어 있는 오월의 하늘은
기쁨과 환호성 입니다.

가정이 한자리에 어울려있고
온 가족이 모일 수 있는 자리
오월은 아름다운 그림입니다.

하나님은 오월을 주심으로 가정을 생각하는
믿음을 주셨습니다.
부모와 자식들 모두 모일 수 있는 자리
그런 걸 우리에게 계절로 알려 주셨습니다.

오월의 하늘
그 자리에 내가 서 있습니다.
그 자리에서 행복과 희망과 꿈을 그리고 있습니다.

꽃들의 축제가 열리는 이 자리
오월의 하늘 맨 끝자락에

내가 서있습니다

아
오월의 하늘 한 자락에

당신과 나의 만남

아주 어린 시절
초등학교 육학년이 되던 해 선생님을 만났습니다.
선생님은 우리의 아버지였습니다.

저에게는 선생님을 만난 것은 큰 행운이었습니다.
꿈과 희망을 알려준 분이었습니다.
항상 그분은 용기와 희망을 주셨습니다.

"넌 할 수 있어. 무엇이든 잘 할 수 있어."

용기 있는 희망을 주는 말만 하시는 선생님이셨습니다.

하늘나라에 계신 그 선생님이 그립습니다.
저도 그런 선생님이 되고 싶습니다.

당신과 나의 만남은 저에게는 큰 행운이었습니다.

긴 여운

멀리서 은은하게 울려오는 종소리
여운을 남기고 사라지는 삶의 흔적들
마음을 쩡하게 울리는 소리
그 소리를 덧없음이라 했던가.

빈 가슴속에 메아리처럼 스며드는 긴 울림
길게 파장을 울리며 나가는 소리
우리의 살아온 삶의 저 소리

실디 긴 여운
아무것도 남기지 않고 사라지는 저 소리
백팔 번뇌의 소리
우린 이 소리를 들으며 가고 있다.

어느 노승 한분이 산길을 걸어 내려오고 있다.
어인 이유로 불가에 입문했는지 알 수 없다.
저 마다의 사연 속에 살고 있는 세상
불당의 종소리가 긴 여운을 남기며 멀리 날아간다.

사람들이 살아온 넛없음의 긴 여운

당신과 나

우리의 인연은 눈 맞춤으로 시작되었습니다.
까만 눈동자 긴 머리 꽃다운 나이
모든 것이 젊음으로 갖추어진 시절
우린 만났습니다.

당신과 나

그땐 세상이 모두 아름다움으로 가득했습니다.
모든 것이 행복뿐이었습니다.
그곳에는 당신밖에 없었습니다.
그것이 사랑이란 걸 알았습니다.
사랑하면서 그리움이란 것도 알게 되었습니다.
시간이 흐르면서 사랑의 아픔도 알게 되었지요.

당신과 나

세월은 우리를 자꾸 끌어내리고 있었지요.
현실 속으로
이 세상은 사랑만 있는 게 아니었지요.
당신을 데려가는 아픔도 알게 된 날
이별의 아픔이 더 크다는 것도 알게 되었네요.

당신과 나…

꽃이 지고 나면

아름다운 꽃망울
누가 건드려 피었는가.

모두가 내 세상인 것처럼
자태를 뽐내며 자랑하는 시절
누군가
꽃잎을 밟고 지나간다.

떨어지는 꽃은 무얼 말하는가.
누구나 아름다운 꽃을 피우는 시절이 있지
지고 나면 누구의 발에 밟히는가.

아름다운 꽃망울
누구에게나 그 시절이 있지

계절이 바뀌고 나면
하나 둘 떨어지는 꽃잎들
누군가
꽃잎을 밟고 지나간다.

부부란

죽음을 맞이할 때까지 전부를 알 수 없는 존재다.
하나님은 한 몸이라 했다
그러면서도 모든 마음속을 알 수 없는 것이
부부다.

부부란
평생을 같은 방향을 보고
같은 길을 가는 것이어야 한다.
일심동체이어야 한다.
때론 생각이 달라 싸우는 것이 부부다.

부부란
알다가도 모를 존재다.
그러면서도 사랑한다.

부부란
누가 먼저 하늘나라에 보내고서
더 그리움을 느끼는 존재다.
항상 그리움으로 추억을 더듬으며 살아가는 것
그런 한 몸의 사람들이다.

떠나보내고야
그 가치를 몸으로 스며들도록 느끼는 존재
그게 부부다.

우린 어디로 가고 있는가?

아파트 돌담 위에 가시덩굴 장미가 만발하고 있다
무리지어 자태를 드러내고 있는 장미들
때가 가고 나면 무엇이 남을까

시간이 지나고 나면 모든 것이 헛된 것이다

장미들은 오늘도 자태를 자랑하며 뽐내고 있다
세상살이 자신이 최고인양
지나는 이들이 부러워하고 있다
장미들은 너나없이 최고가 되려고
소리 없는 아우성이다

시간이 지나고 나면 사람들에 밟히고 말 것을

꽃잎들이 낙엽처럼 이리 저리 날리고 있다

시간이 지나고 나면 모든 것이 헛된 것인 걸
장미들은 오늘도 다투고 있다

오늘도 장미들은 다투며 살아간다.
그게 삶이니까

영혼

우리들의 혼
하늘을 향하여 울부짖는 우리들의 영혼
마음은 탐욕으로 불타오르는데
가슴은 하늘을 향해 울부짖고 있다

가슴속 돌덩이처럼 뭉겨진 세상의 탐욕들
그걸 남겨 놓은 체
소리쳐본들
하늘에 들리기나 할까

욕심은 죄를 낳고 죄는 사망을 가져온다고
성경은 말하고 있다

사람들은 오늘도 자신만의 안일을 위하여
울부짖고 있다
하나님의 마음은 얼마나 아프실까
하나님께서 만들어 논 피조물들
바람 불면 다 날아가고 말 것을

사람들은 평생을 싸우고 있다.

녹슨 철모

6월의 봄바람이 살며시 찾아와
비무장지대의 녹슨 철모를 끌어다 준 날
김 복배의 마지막 음성을 듣는다.

항상 6월은 떠난 내 전우
그를 생각한다.

무더운 6월 칠흙 같은 어둠 속에서
소대장님 외치던 네 음성
지금도 귓가에 생생하게 울려오지

항상 6월은 먼저 떠난 내 전우
그를 기억한다.

수줍은 18살 소녀처럼
얌전하기만 했던 내 전우
전역하면 섬마을에서 악동들을 가르치겠다던
사랑하는 전우 김복배
나만 이렇게 홀로 네 곁에 남아있네

지금의 세대들은 알까

너와 내가 지켰던 저 비무장지대의 비밀을
그땐
김상희 씨의 대머리 총각을 신물 나게 들으며
좋아했지

복배야
6월 이름 모를 들꽃 한 송이 들고
너를 만난다.

구름 사이로

뭉게구름 사이로 내가 가고 있다
허청거리며 가고 있다
구름의 끝은 어디일까

끝은 있는 걸까
끝이 있다는 것은 시작을 의미한다

뭉게구름 사이로 내가 흘러가고 있다
모든 걸 다 털어 버리고 가고 있다
우리의 끝은 어디일까

끝은 있기나 한 걸까
끝나는 그 곳에 내가 서있다

구름 사이로
내가 또 올 날이 이 세상에 있을까
흘러가는 구름 사이로 우리들이 가고 있다.

빈터

우리 어린 시절은 빈터가 많았다
그게 놀이터였다
지금은 빈터 찾기가 어렵다

빈터마다 자동차가 차지하고 있다
가난한 아이들이 놀 빈터가 없다

남루한 아이들의 슬픈 눈동자를 본다.
저 아이들이 갈 곳은 어디일까

시골 마을의 여름이 그립다
벌거숭이로 뛰어 놀던 그 시절이 그립다

그 곳은 산 전체가 놀이터였는데
마을 전체가 놀이터였는데

빈터가 그립다.

아침에는

아침에는 언제나 커피 한잔을 마신다.
아침은 절망이란 없다
아침에는 출발점에서 희망과 꿈만 안고 시작한다

아침에는 어느 분이 보내주는 잘 알지도 못하는
심포니 오케스트라 연주를 듣는다.
그래도 즐겁다

아침에는
시작이 있기에 행복하다

빈 가슴

마음이 빈 날은 공허하다
비어 있다는 것은 여백이 많아 좋다
새로운 것을 채울 수 있으니까

마음이 빈 날은 허전하다
무엇을 채울 수 있을까 생각한다.
여백으로 남아 있는 날은 초조하다

빈 가슴을 쓸어본다
허전함뿐이다.
이 여백에 무엇을 채워야 할까
인간들은 빈 여백을 그냥 두려하지 않는다.
오늘도 빈 여백을 채우려 방황하고 있다.

채워본들
아무것도 남는 것이 없는데

아카시아 꽃

올해도 아카시아 꽃이 피었는가.
아무런 향기도 맡을 수 없는 공간에 누워있다

수많은 사람들이 향기 한번 맡지 못하고
계절을 보내고 있다.
저 짙은 향기를 내년에는 맡을 수 있을까

올해도 아카시아 꽃은 피었다 지고 있다
향기를 맡을 수 없는 사람들을 뒤로 하고
하얀 꽃잎들이 지고 있다

눈송이처럼 내리고 있는 저 길을
몇 사람이나 걸어가고 있을까

올해도 아카시아 꽃들이 지고 있다.
코로나에 가려 쓸쓸히 혼자 지고 있다.

하루를 살면서

길디 긴 하루가 지나갑니다.
눈 깜짝할 사이 하루가 지나갑니다.

하루란 길디길면서 순간입니다.

파란 하늘 위로 뭉게구름이 한 폭의 그림을 그리고
그렇게 하루를 살라 합니다.
꿈 많았던 젊은 시절
언제 어른이 되나 했는데
지금은
하나님의 부름을 기다리는 나이가 되어
시간만 되돌리고 있습니다.

졸 졸 흐르는 냇가에서
개구쟁이 꼬마들이 물장구를 치고
한 폭의 그림에 담아 봅니다.

하루를 살면서
정말 많은 일들이 지나가고 있습니다.

우린 누구나 살 가치가 있어

놀이터
같은 장소에서 장애자 아저씨가 낡아버린 휴대폰을
외눈으로 보고 있다.
놀이터 지나가는 날 거의 그 아저씨를 보곤 한다.
항상 웃는 미소 행복한 얼굴이다
검게 탄 그의 얼굴 모습에서 삶의 모습을 보고 있다

저 행복한 미소는 어디에서 오는 걸까요
언제나 지나가면 답례로 웃곤 한다.

잘난 사람이나 못난 사람이나
살다 보면 그게 그거야
조금은 모자라지면
그게 더 큰 행복이 있다는 걸 알게 되지

새로운 날이 있는 한
우린 누구나 살아야 해

태양은 오늘도
누구의 가슴에게나 힘차게 떠오를 겁니다.

우린 누구나 살 가치가 있어

삶의 여백

살아가는 데는 누구나 여백이 필요해
공간이 없으면 숨이 막힐 거야

우리가 살아가는 것
너무 빡빡하여 때론 숨이 막힐 것 같아
여백이 있다면 남는 그대로 두고 살자
모두 채우려하지 말자

저 파란 하늘을 봐
공간이 있어 구름이 수채화를 그리고 있지
너무 채우려하지 말자
있는 그대로 살아보자

누구나 다 버리는 연습을 해야지
살다보면 너무 쓸모없는 것들이 많아
공간들이 필요해

빽빽한 도시의 빌딩 숲들이 나는 싫어
파란 들판이 펼쳐진 시골 숲이 필요해
삶의 여백이 필요해

가시의 아픔

사람들은 가시를 원망하지
자신들의 허물은 생각 못 하면서
가시의 찔림에만 원망하지
가시에도 말 못할 아픔이 있는 거야

저 화려함 뒤에 매달려 항상 뒷전에서
꽃들의 사랑만 뒷받침하며 살지
묵묵히 자신의 범위에서 살기를 노력하지
가시의 마음을 누가 알아주랴
세상은 겉의 화려함만 보고 살려하지

아픔은 누구에게나 있는 게야
화려함이 떠나고 나면 더 짙은 고독이 몰려오지
가시의 아픔보다 더한 마음의 고통
그런 것들을 알며 인간들은 살아가지

후회하고 후회 면서도
인간들은 화려한 장미꽃만 생각하지
가시의 아픔을 누구도 생각하지 않지

삶이란 하나의 우산

삶이란 하나의 우산과 같습니다.
비 오는 날
우산 속으로 사랑하는 이들을
받아들일수 있기 때문입니다.

삶이란 하나의 우산과 같습니다.
비가 그치고 나면
필요 없는 우산과 같기 때문이죠.

영원히 살 것처럼 살자

내일이란 없는 거야
오늘만이 내 날이지

그래서
오늘을 영원히 살 것처럼 살아야 해
저 하늘을 봐
내일은 똑같은 하늘을 볼 수 없는 거야
저 푸른 숲을 봐
내일은 아름다운 숲을 볼 수 없는 거야

오늘만이 내 삶이지
똑같은 아름다운 장미를 내일 볼 수 없는 거야

오늘이 있으므로
우린 살아 있는 거야

영원이 살 것처럼 오늘을 살아야지

따뜻한 가슴

따뜻한 가슴을 가지고 살고 싶다

따뜻한 가슴을 잃어버리고 사는 것은 아닐까
차가운 머리와 가슴만 남은 것은 아닐까

어렵고 가난한 이들의 아픔을 가슴으로 녹이고 싶다
각박하고 틈새 없는 세상에서
어렵고 가난한 이들이 쉴 수 있는 공간이 되고 싶다

가장 넓고 편안한 가슴
쉼터가 되고 싶다
아무나 와서 기대고 쉴 수 있는 곳
그런 곳이 되고 싶다

따뜻한 가슴을 열어 놓고 살고 싶다
누구나 가슴으로 들어와
아무 이야기나 할 수 있는 공간
쉼터가 되고 싶다

부모님 음성

아들아
세상살이 너무 실망하지 말거라
누구나
그렇게 살아 왔단다.

저 높은 하늘의 구름을 보거라
말없이 언제나 잘 가고 있지 않니
저 푸른 숲을 보거라
항상 사시사철 제 자리에서 지키고 있지 않니

아들아
살다보면 다 백지장 한 장 차이더라.
잘난 사람 못난 사람
신이 불러 갈 때는 똑같더라

한번 크게 울고 왔던 인생
갈 때는 크게 한번 웃고 가려무나
움켜쥐고 갈 것 하나 없는 인생
손 활짝 피고 웃으면서 가려무나

부모님이 들려준 그 목소리 들으며
하나님이 부르는 곳으로 가고 있습니다.

노래를 들으며

그리움이 사랑으로 움트던 그날
나를 바라본다.

하나님은 왜 나를 선택해 주셨을까
이름 모를 가수가 부르는 노래를 듣는다.

하루의 시작은 언제나 항상 제 자리다
끝나는 날도 제 자리에 있을 거다

감미로운 음률을 마음에 그린다.
노래를 들으며 사랑을 찾아가고 있다

신기루 같은 내 삶이 지나가고 있다
노래도 세월처럼 빨라지고 있다

부모님이 손짓하며 부르는 그 곳으로 달려가고 있다
아내를 처음 만났던 그곳으로 달려가고 있다

그리움을 지우며

이젠 지우며 살아야지
그리움을 만들지 말아야지

살아온 모든 흔적들을 하나씩 지우며 살아야지
한 아름 낡은 사진들을 불 속에 던지고 던져본다
재만 남기고 사라지는 흔적들

지나온 과거가 한 줌의 재로 남아 사라진다.
모든 것은 부질없는 것인지 모른다.

젊은 시절 죽을 것 같은 사랑도 시간 속에 묻혀간다
사랑도 그리움도 남기지 말아야지
살아온 모든 것은 신기루 같은 것
인연도 맺지 말아야지
한 줌 속에 남아 있는 것은 다 지우고 가야지
어차피 움켜쥘 수 있는 것은 아무것도 없다

사랑도 그리움도 지워야지

비가 내리는 날은 사랑하는 사람이

장대같은 비가 내리는 날
사랑하는 사람이 오고 있습니다.
넓은 가슴속으로 들어오고 있습니다.
우산도 없이
비에 젖은 몸으로 가슴을 노크하고 있습니다.

비가 내리는 날은 오래 묵은 그리움들이
자꾸 마음으로 파고들어 오고 있습니다.
지우자 지워 버리자 하면서도
지워지지 않고 선명하게 떠오르는 눈동자
빗줄기가 세차게 몰아치고 가도
그녀는 내 가슴 깊이 파고 들어오고 있습니다.

이 생각들이 얼마나 세월이 흘러야 잊을 수 있을까요
하나님의 부름을 받는 날 잊을 수 있을까요

빗줄기가 거세지고 있습니다.
그녀의 웃는 눈동자가 선명히 다가오고 있습니다.
비가 내리는 날은 사랑하는 사람이
더 가까이 다가서고 있습니다.

삶의 무게

마음의 무게만큼 삶의 무게도 나갈까
저울에 올라 마음을 달아봅니다
산다는 것은 저울추의 움직임에 따라
무게도 달라짐을 느껴집니다.

올바르게 산다는 것
성실하게 산다는 것
저울추의 변함없는 움직임처럼
그렇게 살자 마음속에 담아 봅니다.
고장나지 않은 저울처럼 그렇게 살려
마음속에 그립니다,

사람들은 왜 저울추를 속이려 할까요?
법원 앞에 세워진 올바른 저울추의 동상
그 동상이 빛나는 날은 언제일까요

오늘도 삶의 무게를 저울추에 달아봅니다.

해바라기의 꿈

하늘만 바라보며 살기로 했던 날
강렬한 태양만 보고 살기로 다짐했던 날
젊은 날이 있었지

우린 누구나 꿈을 꾸고 살고 있다
해바라기처럼

땅을 보지 말기로 하자
오직 하늘만 보고 살기로 하자

해바라기처럼 살자
하늘만 보고 살다보면
땅에서 일어나는 일은 알 수 없다.

파도의 외침

어느 겨울날
폭풍이 몰아치던 외딴섬
바위에 부딪쳐 눈송이처럼 훨훨 날리는
파도 소리를 듣는다.

홍도의 등대가 외로이 지키던 붉은 섬
그 겨울의 소리를 듣는다.

수만 마리의 갈매기들이 울부짖던
외로운 섬 홍도
그때의 그 소리에 내 귀를 묻는다.

어떤 심포니 오케스트라 소리보다 더 장엄한 울림
그 소리를 듣고 있다.

지금도 그곳에는 젊은 등대지기 아저씨가 있을까
파도 소리와 세찬 겨울의 눈보라가 보고 싶다.

구름이 수놓고 간 아름다운 날의 추억

지나간 날은 다 아름답다
싱싱하고 젊은 날이니까
사람들은 오랜 된장과 간장이 최고로 맛있다고 한다.
그러나 시작할 때의 싱싱함과 꿈 희망이
나는 더 맛스럽다.

다시 올 수 없는 날들
구름이 수놓고 가는 여백 한 모퉁이에
아름다운 그림을 그리고 싶다.

하얀 백지에 꽉 찬 그림보다
여백이 있는 동양화가 더 그립다.

이제 종착역만 남아 있다.

지금 내가 서 있습니다

서로 서로가 긴 추억이 묻어나는 이 자리에
내가 서 있습니다.
긴 시간이 지나도 변하지 않은 이 자리에
누군가 올 것 같은 마음의 두근거림에
심장이 멈추어 있습니다.

노신사 부부가 손을 맞잡고 걸어오고 있습니다.
내 추억이 빛바랜 영사기가 돌아가다 멈춘 것처럼
이 자리에 서 있습니다.

어디에서 온 구름이
젊은 날의 아름다움을 수놓고 지나가고 있습니다.
이 자리에 내가 있음에 감사합니다.

다시 이 자리에 서 있을 날이 있을까요
빛바랜 추억들이 실 끊어지듯
가슴의 심장이 멈추어서고 있습니다.

저 멀리 사랑했던 여인이
미소 지으며 달려오고 있습니다.

지금 이 자리에 내가 서 있습니다.

오솔길 옆에 서서

이 길은 누가 처음 걸어 갔을까요.
사람 하나 지나가기 어려운 작고 좁은 길
이 길을 내가 걸어가고 있습니다.

이 길
누군가 먼저 만들어 놓았을까요.
좁은 길옆 고개를 내밀고 방긋 웃는 이름 모를 꽃
이 속에서 피어나고 지고 있습니다.

가까이 산새 한 마리가 재잘거리고 반겨주네요.
어느 누가 찬 이슬 맞으며 지나갔을까요.

오솔길 옆에 서서 나를 바라봅니다.

노광훈 시집
바람이 수놓고 간 아름다운 날

초판 1쇄 / 2021년 11월 10일
지은이 / 노광훈
펴낸이 / 윤미경
펴낸곳 / 도서출판 다인아트
      출판등록 1996년 3월 8일 제87호
      인천광역시 중구 제물량로232번안길 13
      tel. 032+431+0268 / fax. 032+431+0269
      e-mail. dainartbook@naver.com

ISBN 978-89-6750-114-3 (03810)

※ 잘못된 책은 바꾸어 드립니다.
※ 이 책의 일부 또는 전부를 재사용하려면 반드시 저작권자와
   출판사 양측에 동의를 받아야 합니다.